Julia Bernstein, Florian Diddens

Antisemitische Kontinuitäten in Bildern

Bibliografische Information der Deutschen Nationalbibliothek

Die Deutsche Nationalbibliothek verzeichnet diese Publikation in der Deutschen Nationalbibliografie; detaillierte bibliografische Daten sind im Internet über http://dnb.d-nb.de abrufbar.

www.wochenschau-verlag.de

Gesamtherstellung: Wochenschau Verlag
Gedruckt auf chlorfrei gebleichtem Papier
Titelbilder: © links: picture alliance/dpa | Hendrik Schmidt; rechts: IMAGO / Hartenfelser
ISBN 978-3-7344-1524-1
E-Book ISBN 978-3-7566-1524-7 (PDF)
DOI https://doi.org/10.46499/2058

Inhalt

Vorwort

Vor dem Abschluss der Arbeiten an diesem Buch ist das Thema „Antisemitismus in Bildern" in der breiten Öffentlichkeit diskutiert worden: Auf der Kunstausstellung documenta fifteen in Kassel ist ein Banner mit antisemitischer Symbolik ausgestellt, nach der öffentlichen Skandalisierung verdeckt und schließlich deinstalliert worden. Dass das mit dem Antisemitismus in der deutschen Gesellschaft verbundene Ächtungsideal mit der Zurschaustellung dieses Kunstwerks konterkariert worden ist, ist Anlass einer breitgefächerten Empörung gewesen, die letztlich die Entfernung des Exponats zur Folge hatte. Die Reaktionen auf die Darstellung einer mit Davidstern am Halstuch gekennzeichneten und als Schwein entmenschlichten Figur eines Mossadagenten und eines in schwarz gekleideten Juden mit blutunterlaufenen Augen, Haifischzähnen, Zigarre im Mund, angedeuteter Kippa und einem von chassidischen Juden häufig getragenen Hut auf dem Kopf, auf dem das Logo der SS prangt, haben gezeigt, dass durchaus weite Teil der Öffentlichkeit den Antisemitismus in seiner bildlichen Ausdrucksform erkennen. In diesem Bild tritt er durch die Darstellung eines diabolischen orthodoxen Juden als SS-Mann, damit in der Dämonisierung von Juden als Nationalsozialisten und der daraus folgenden Täter-Opfer-Umkehr sowie durch den tradierten zoomorphistischen Topos der Darstellung von Juden als Schweinen zutage.

Dieses Bildelement ist zusammen mit einer weiteren Darstellung von Juden als Schweinen, der „Wittenberger Judensau", auf dem Cover dieses Buchs abgebildet. Die „Wittenberger Judensau" ist ein Relief aus dem 13. Jahrhundert an der Stadtkirche Wittenberg, das mit Hüten gekennzeichnete und stereotypisierte Juden zeigt. Ein Rabbiner schaut dem Schwein in den Anus, jüdische Männer saugen an den Zitzen des Schweins, das im christlichen Mittelalter als Symbol des Teufels galt. Beschriftet ist das Relief seit 1570 mit „Rabini Schem Ha Mphoras", einer Abwandlung des Titels einer antisemitischen Schrift des Reformators Martin Luthers („Vom Schem Hamphoras und vom Geschlecht Christi"), der damit den Namen G`tts verächtlich gemacht und darüber in dieser Kirche häufig gepredigt hat. Eine solche Nutzung des Namen Gtts im explizit Juden als unrein erniedrigenden Kontext des Bildes stellt eine direkte Verletzung religiöser Gefühle dar.

Gegen die Beibehaltung des Juden schmähende Reliefs hat Michael Düllmann in den vergangenen Jahren vor dem Landes- und Oberlandesgericht geklagt. Durch eine 1988 angebrachte Bodentafel mit einer Distanzierung vom Antisemitismus und Informationen zur Schmähplastik erhalte das Relief einen Charakter als Mahnmal und verliere seine beleidigende Wirkung. Im Jahr 2022 ist seine Revision gegen dieses Urteil vom Bundesgericht zurückgewiesen worden, sodass sein Verbleib für legal erklärt wurde. Ein Expertenbeirat hat dem Gemeindekirchenrat der Stadtkirche Wittenberg eine „zeitnahe Abnahme" des Reliefs empfohlen.[1]

An beiden Beispielen, dem Wimmelbild Taring Padis und der „Wittenberger Judensau", wird deutlich: Die Kontinuität des Antisemitismus in Deutschland tritt auch im Jahr 2022 in Bildern und deren akzeptierter oder skandalisierter Präsentation hervor. Das antisemitische Motiv der Bilder, die Schmähung von Juden als Schweinen, erhält seinen infamen Sinn daran, dass das Schwein im Judentum als unrein gilt. Zum einen kommt in dem Motiv der christliche Antisemitismus zum Ausdruck, zum anderen der moderne Antisemitismus in der Identifikation von Juden mit Herrschaft, Macht und Grausamkeit, als Personifikationen des Bösen und damit als Antagonisten eines zum absoluten Guten stilisierten Volks. Während die „Wittenberger Judensau" durch höchstrichterliche Rechtsprechung ihren Platz in der deutschen Öffentlichkeit behalten darf, wurde die „Kassler Judensau" mit dem Wimmelbild Taring Padis entfernt.

Weitere auf der documenta fifteen ausgestellte antisemitische Kunstwerke, etwa die im „Archives des luttes des femmes en Algérie" präsentierten Karikaturen von Naji al-Ali und Burhan Karkoutly oder die Bilder der Serie „Gaza-Guernica" von Mohammad Al Hawajri, sind trotz Protest nicht entfernt worden. Mit ihnen werden Juden antisemitisch stereotypisiert (z.B. durch eine Hakennase), antisemitische Legenden reproduziert (Legende vom Mord an Jesus), das antisemitische Weltbild zum Ausdruck gebracht bzw. eine Täter-Opfer-Umkehr (israelisches Militär wird mit der Wehrmacht gleichgesetzt) vorgenommen. Der antisemitische Gehalt dieser Exponate wird entweder bestritten, als nicht eindeutig oder kontrovers diskutiert. Die Ächtung des Antisemitismus greift für diese Bilder also nicht. Auch diesem Missstand, Antisemitismus in Bildern nicht rekonstruieren zu können oder mit ihm dem Anspruch einer kontroversen Diskussion zu verbinden, wollen wir mit den vorliegend versammelten exemplarischen Bildanalysen begegnen.

1 Siehe dazu den Artikel von Iris Mayer in der Süddeutschen Zeitung: https://www.sueddeutsche.de/politik/judensau-relief-stadtkirche-wittenberg-1.5628251, zuletzt abgerufen am 03.08.2022.

1 Einleitung

Antisemitismus ist auch siebenundsiebzig Jahre nach der Shoah ein Problem in Deutschland. Er ist ein lange Zeit mit der beanspruchten „Aufarbeitung" der nationalsozialistischen Vergangenheit überwunden geglaubtes und verdrängtes Problem, auf das die Öffentlichkeit häufig erst dann aufmerksam wird, wenn Jüdinnen und Juden angegriffen werden.

Die Wahrnehmung des Antisemitismus als gesellschaftliches Problem ist also gemeinhin auf seinen extremen, gewaltförmigen Ausdruck reduziert, wohingegen seine zweitausendjährige Geschichte, seine gegenwärtigen Erscheinungsformen und seine Verankerung im Alltag häufig unverstanden und folglich unerkannt bleiben. Die Judenfeindschaft findet auch heute, trotz ihrer Ächtung nach der Shoah, eine weite Verbreitung[1], aber ihre Manifestationen werden häufig nicht erkannt.

Eine besondere Bedeutung kommt in diesem Zusammenhang dem Antisemitismus in Bildern zu, d. h. visuellen Darstellungen von Juden zum Zweck ihrer Abwertung, Verächtlichmachung, Entmenschlichung oder Dämonisierung als „absolutes Böse". In solchen Darstellungen wurde der Antisemitismus über Jahrhunderte zum Ausdruck gebracht. Mit ihnen hat sich der Antisemitismus tradiert und tief in den kulturellen Wissensbestand eingebrannt. Die antisemitischen Bilder aus der Vergangenheit prägen mitunter die Wahrnehmung von Juden in der Gegenwart. Mehr noch, in antisemitischen Bildern aus der Gegenwart werden sie stetig aufgegriffen oder mit einem Aktualitätsbezug angepasst. Das geschieht heutzutage häufig mit Bildern über Israel oder von Israelis, auf denen jahrhundertealte antisemitische Feindbilder und Legenden mit dem Anspruch, eine „Kritik" im Maßstab politischer Meinungen und Diskussionen darzustellen, lediglich auf den jüdischen Staat oder ihm zugerechnete Akteure übertragen werden. In seinen bildlichen Zeugnissen spiegelt sich die Kontinuität des Antisemitismus also bis heute wider. Im Vergleich von antisemitischen Bildern aus der Vergangenheit und Gegenwart tritt sie deutlich hervor.

Das Anliegen dieses Buchs[2] ist es, sowohl diese Kontinuität des Antisemitismus als auch die Mechanismen, Funktionen und ideologische Struktur der antisemitischen Bildsprache sichtbar zu machen. Auf der Grundlage der Analyse antisemitischer Bilder aus verschiedenen Epochen und ihres Vergleichs lässt sich der gegenwärtige Antisemitismus im Kontext seiner historischen Genese erkennen und zum Gegenstand einer pädagogischen Auseinandersetzung machen.

Das Buch richtet sich an Lehrkräfte aller Schulformen der Sekundarstufe 1, um ihnen durch die Analyse und den Bildvergleich eine Orientierung und Kriterien dafür anzubieten, die eigene Problemwahrnehmung zu schärfen. Weiterhin ist das Buch als Instrument konzipiert worden, um Antisemitismus, seine Kontinuität und Mechanismen im Unterricht thematisieren und Schüler/-innen über Antisemitismus in all seinen Erscheinungsformen aufklären zu können. Auf der Grundlage der angeleiteten und in den Fachunterricht in Geschichte, Religion, Ethik oder Gemeinschaftskunde zu integrierenden vergleichenden Bildanalysen sollen Schüler/-innen der achten, neunten oder zehnten Klasse dazu befähigt werden, den gegenwärtigen Antisemitismus erkennen und problematisieren zu können.

Den Bildanalysen (5) sind eine kurze Einführung in den Themenkomplex Antisemitismus (2), eine Skizze der Bedeutung von antisemitischen Bildern (3) und didaktische Hinweise zum Einsatz im Unterricht (4) vorangestellt.

1 So kommt eine Studie des World Jewish Congress aus dem Jahr 2019 zum Ergebnis, dass 27 % der deutschen Bevölkerung eine antisemitische Einstellung haben (vgl. Lauder 2019). Dabei sind der sekundäre und israelbezogene Antisemitismus am weitesten verbreitet (vgl. Zick et al. 2017a, S. 26 ff.). Aus jüdischen Perspektiven lässt sich rekonstruieren, dass der Antisemitismus in den vergangenen Jahren zugenommen hat (vgl. Zick et al. 2017b, S. 13).

2 Das Konzept ist in Zusammenarbeit mit Sybille Hoffmann vom Zentrum für Schulqualität und Lehrerbildung Baden-Württemberg entstanden. Für diese Zusammenarbeit möchten wir uns herzlich bei ihr bedanken.

2 Was ist Antisemitismus?

Antisemitismus bezeichnet Judenfeindschaft, wie sie als „a persisting latent structure of hostile beliefs towards Jews as a collectivity" (Fein 1987, S. 67) einen Ausdruck findet. Als Komplex feindseliger Überzeugungen bildet sich die Judenfeindschaft nicht nur in den Einstellungen der Menschen und in der Kultur ab, sondern wesentlich in diskriminierenden Handlungen und Gewalt gegen Juden.

Historisch betrachtet hat sich die Judenfeindschaft im Laufe ihrer zweitausendjährigen Geschichte als Abfolge verschiedener Erscheinungsformen entwickelt (vgl. Uhlig/Rhein 2019; Bernstein 2020). Die feindselige Überzeugung gegenüber Juden wurde entsprechend der je zeitgemäßen gesellschaftlichen Autorität und den Leitwerten begründet, um die Identität und Machtposition der eigenen Gemeinschaft zu stärken (vgl. Sacks 2016).

Die Erscheinungsformen des Antisemitismus

Mit der Entstehung des Christentums wurde die Feindschaft über das Mittelalter hinaus religiös begründet. Juden wurden mit dem Antijudaismus als „Andersgläubige" diskriminiert und darüber hinaus als „Feinde" dämonisiert und verfolgt.

Das Judentum galt aus der Perspektive des aus ihm hervorgegangenen Christentums als überholt und „rückständig". Anstelle des Judentums beanspruchte das Christentum für sich den Bund mit G'tt[1] als „auserwähltes Volk". Juden wurden nicht nur als „Verweigerer" des durch die Idee der Menschwerdung gottes[2] durch Jesus hergeleiteten christlichen Heils- und Erlösungsversprechens, sondern zudem als „diabolische Kreaturen" und „Feinde der Christen" dämonisiert. Sie wurden kollektiv für den Verrat von Judas an Jesus und für die Kreuzigung Jesu durch die Römer schuldig gesprochen und im Phantasma schier unbegrenzter Macht als „gottesmörder" dämonisiert (vgl. Staffa 2017). Daran schlossen Legenden über Ritualmorde an christlichen Kindern, Hostienfrevel und Brunnenvergiftung an, mit denen Juden an die Position des die Gemeinschaft bedrohenden „absoluten Bösen" gesetzt wurden. Diese Position wurde ihnen auch durch die Identifizierung mit Geld und mit dem betrügerischen Geldverleih „des Wuchers" zugeschrieben. Das bedeutet, der Antijudaismus wurde zwar religiös begründet, aber doch wesentlich auf soziale und ökonomische Dimensionen ausgeweitet (vgl. Benz 2009, S. 37 ff.).

In der Moderne dagegen wurde die Judenfeindschaft säkular und biologistisch begründet, Juden galten als „rassisch" und damit als „naturhaft andersartig" und „minderwertig". Sie wurden der Nation, dem Volk oder der als „Rasse" imaginierten Gemeinschaft als Feinde entgegengesetzt und mit allen gesellschaftlichen Übeln identifiziert, die als Bedrohung der Gemeinschaft galten.

Dabei wurden die im Antijudaismus tradierten Feindbilder und Legenden konserviert und ursächlich auf das Phantasma einer „rassischen Wesenhaftigkeit" bezogen. Juden galten als körperlich „minderwertig" und „deformiert", ihnen wurde „listiges" und „betrügerisches" Handeln zum Machtausbau und zur Herrschaftssicherung unterstellt. Das Phantasma des Machtstrebens wurde, unterstrichen durch die Zuschreibung von „Intelligenz", „Illoyalität" und „List", zu einem Verschwörungsszenario der Manipulation und Herrschaft einer imaginierten „jüdischen Elite" in der Wirtschaft, insbesondere der Finanzsphäre, der Kultur und der Politik ausgebaut. Juden galten als Urheber aller Übel auf der Welt wie etwa des Kapitalismus, von Krisen oder von Krankheiten (vgl. Postone 1991; Salzborn 2019, S. 329 ff.; vgl. Haury 2002, S. 105 ff.). Die gesellschaftlichen Verhältnisse erschienen dann als Ausdruck der Allmacht „herrschender Juden" und der Ohnmacht der scheinbar „unterdrückten Gemeinschaft". Der Vorwurf lautete, Juden beuteten die Gemeinschaft aus, bereicherten sich auf ihre Kosten und sicherten sich damit „parasitär" ihre Macht. Die Allmachtzuschreibungen mündeten im Wahnbild einer „jüdischen Weltverschwörung", wie sie in den erstmals 1903 und noch heute international publizierten und verbreiteten „Protokollen der Weisen von Zion" entworfen wird.

Aus dem späten 19. Jahrhundert stammt der Begriff „Antisemitismus", der der Feindschaft gegen Juden einen „wissenschaftlichen" Anschein verleihen sollte und zum politischen Bekenntnis wurde (vgl. Porat, 2018, S. 28).[3] Der moderne Antisemitismus in der rassistischen Variante seiner Erscheinung war grundlegendes Element nationalsozialistischer Ideologie und mündete in der Ermordung von sechs Millionen Juden durch das nationalsozialistische Deutschland, der Shoah.

Nach 1945 wurde der Antisemitismus in seiner rassistischen Erscheinungsform aufgrund der Shoah in der Öffentlichkeit geächtet. Die tradierten Feindbilder bestanden fort, wurden aber nur noch selten öffentlich kommuniziert. Vielmehr hat sich der Antisemitismus der Zeit angepasst und sich einen sozial akzeptierten Ausdruck verschafft. Dieser speist sich zum einen aus der Schuld- und Erinnerungsabwehr in Bezug auf den Nationalsozialismus und die Shoah, zum anderen aus einem Bezug auf Israel.

Der Schuldabwehrantisemitismus zielt auf die Relativierung des Nationalsozialismus und der Shoah ab. Darin kommt die Bestrebung zum Ausdruck, einen Schlussstrich unter die Auseinandersetzung mit der nationalsozialistischen Vergangenheit und der biographischen Verstrickung zu ihr zu ziehen und gleichermaßen die Täter und ihre Nachkommen zu entlasten wie die Opfer und ihre Nachkommen zu schmähen (vgl. Chernivsky 2017; Kistenmacher 2017). Das geschieht häufig mit einer Täter-Opfer-Umkehr, bei der die Täter und ihre Nachkommen als „eigentlich" unschuldig und somit als „Opfer" und die Opfer und ihre Nachkommen als „eigentlich" schuldig und damit als „Täter" markiert werden.

Der israelbezogene Antisemitismus geht mit dem Anspruch einher, Kritik am jüdischen Staat oder seiner Politik zu üben. Jedoch dient die „Kritik" häufig lediglich der Legitimierung des Antisemitismus, der dann als „Meinung" über den Umweg einer Bezugnahme auf Israel kommuniziert werden kann, ohne dabei direkt einen Bezug auf Juden herstellen zu müssen. Deshalb wird er auch häufig als „Israelkritik" vom Antisemitismus, der definitorisch und der Wahrnehmung nach lediglich auf seine rassistische Erscheinungsform reduziert wird, unterschieden (vgl. Bernstein 2021; 2020, S. 201 ff.). Die israelbezogene ist die dominierende Form des gegenwärtigen Antisemitismus. Mit dieser Erscheinungsform werden tradierte antisemitische Feindbilder und Legenden auf Israel übertragen und somit unter scheinbar veränderten Vorzeichen als „Kritik" wieder sagbar gemacht.

So werden Eigenschaften, die Juden schon im Mittelalter zugeschrieben wurden und ihrer Dämonisierung dienten, heute Israel zugeschrieben (z. B. „Gier", „Rachsucht", „Kriegslust"), und die Legenden über Juden auf Israel übertragen (z. B. Ritual- und Kindermordlegenden, Brunnenvergiftungslegenden). Darüber hinaus folgt der israelbezogene Antisemitismus weiteren Dämonisierungsstrategien, die sich auf gesellschaftliche Leitwerte bzw. auf deren vermeintliche Verletzung in der jüngeren Vergangenheit beziehen (vgl. Schwarz-Friesel/Reinharz 2012, S. 194 ff.; Rensmann 2015; Salzborn 2013). Dabei wird der jüdische Staat etwa mit dem südafrikanischen Apartheidstaat oder dem nationalsozialistischen Deutschland gleichgesetzt. Das beruht auf bis ins Wahnhafte gesteigerten falschen Anschuldigungen, Israel begehe Völker- oder Menschenrechtsverbrechen oder gar einen „Holocaust an den Palästinensern". Dass der israelbezogene Antisemitismus mit dem Schuldabwehrantisemitismus verwoben ist, wird eben mit der Dämonisierung Israels als „Nazistaat" und der darin angelegten Täter-Opfer-Umkehr deutlich.

Neben der daraus resultierenden Delegitimierung des jüdischen Staats geht mit dem Antisemitismus der „Israelkritik" auch seine Wahrnehmung und Bewertung entlang doppelter Standards einher, die ihn dann zum exklusiven „Kritikobjekt" macht, wenn gleiche Sachverhalte bei anderen Staaten nicht nur nicht kritisiert, sondern häufig gar akzeptiert werden (vgl. Sharansky 2004). Zudem werden Juden auf der ganzen Welt ungeachtet ihrer Staatsangehörigkeit oder politischen Überzeugungen als Repräsentant/-innen Israels angefeindet oder angegriffen (vgl. Bernstein 2020, S. 259 ff.).

Die Wahrnehmung des Antisemitismus in der Gegenwart

Der Antisemitismus hat sich historisch also als Abfolge verschiedener Erscheinungsformen entwickelt. Seine Kontinuität legt sich darüber und über die beständige Verbreitung traditioneller ebenso wie modifizierter antisemitischer Feindbilder und Legenden in Wahrnehmungs- und Denkmustern offen.

Doch wird diese Kontinuität häufig nicht erkannt. Wenn der Antisemitismus sichtbar wird und als Problem hervortritt – so wie zunehmend in den vergangenen Jahren –, dann erscheint er der historischen Kontinuität enthoben; so als komme er „aus dem Nichts" (vgl. Bernstein 2020, S. 9 ff.; Bernstein/Diddens 2019). In der Folge ist ein Umgang mit dem Problem verstellt, da man sich immer wieder am Anfang sieht, d. h. sich wieder von Neuem einem Problem konfrontiert wähnt, das bereits da gewesen ist, aber nicht wahrgenommen wurde.

Dieses Verhältnis zwischen dem Antisemitismus und seiner Bagatellisierung in der Gesellschaft zeigt sich spiegelbildlich in der Schule (vgl. Bernstein 2020; Bernstein/Diddens 2020). Während jüdische Schüler/-innen und Lehrer/-innen der Kontinuität des Antisemitismus aufgrund familiärer und persönlicher Erfahrungen schmerzlich gewahr sind, da sie mit Antisemitismus in all seinen Erscheinungsformen konfrontiert werden, nehmen viele nichtjüdische Lehrkräfte ihn häufig nicht wahr oder bagatellisieren ihn (vgl. Bernstein 2020, S. 82 ff.). Die Verbreitung des Antisemitismus in der Schülerschaft geht also mit den Tendenzen einer Überforderung und einer Abwehr unter Lehrer/-innen einher (vgl. Bernstein, S. 138 ff.). Häufig wird der Antisemitismus lediglich als Phänomen der Vergangenheit thematisiert und auf seine rassistische Erscheinungsform reduziert, sodass seine israelbezogene Erscheinungsform und der Antisemitismus der Gegenwart gar nicht in den Blick geraten (vgl. Bernstein 2020, S. 201 ff.).

In der Folge entzieht sich der Antisemitismus einer adäquaten pädagogischen Auseinandersetzung. Umso bedeutender ist es, das Phänomen Antisemitismus als ein Problem wahrzunehmen, das einer historischen Kontinuität folgt. Dafür ist es erforderlich, nicht nur seine verschiedenen Erscheinungsformen zu erkennen, sondern auch seine Mechanismen und Struktur zu verstehen.

Jede Erscheinungsform des Antisemitismus gründet in einem religiösen, rassistischen, nationalistischen, kulturellen oder politischen Ordnungsentwurf des Verhältnisses zwischen eigener Gemeinschaft und Juden, aber basiert dabei auf den gleichen Wahrnehmungs- und Denkmustern, die die Feindbilder und Legenden über Juden sowie die Einstellungen und Gefühle gegenüber ihnen strukturieren.

Das antisemitische Ressentiment und Weltbild

Die Wahrnehmungs- und Denkmuster vereinen Differenzkonstruktionen als Stereotype und Vorurteile in sich, mit denen Juden charakterliche und körperliche Eigenschaften zugeschrieben werden, um sie im Kontrast zu einer als „Wir-Gruppe" geltenden Gemeinschaft als „andersartig" und „ungleichwertig" auszuweisen. Damit werden Juden als „Fremde" markiert, in der Position einer Minderheit der Mehrheit gegenübergestellt und häufig abgewertet.

Der Antisemitismus geht jedoch wesentlich über die vorurteilsbasierte Abwertung von Juden hinaus und unterscheidet sich dergestalt wesentlich vom Rassismus oder von der Diskriminierung einer Minderheit durch die Mehrheit (vgl. Rensmann 2018, S. 94; Bernstein 2020, S. 289 ff.). Er gründet wesentlich im Ressentiment gegen Juden und einem Weltbild, in dem Juden als „Personifikation allen Übels" oder „Inkarnation des Bösen schlechthin" (Schoeps 1995, S. 9) erscheinen.

Mit den antisemitischen Feindbildern und Legenden wird Juden eine Übermacht, gar eine Omnipotenz, attribuiert. Sie werden als verschwörerische „gottes- oder Kindermörder", als „naturhaft dem Geld verbunden" oder „reich", „einflussreich", „manipulierend" und „herrschend" imaginiert. Der

Weltlauf dient stets als Bestätigung dieser Phantasmen: Er wird als Ausdruck verschwörerischen Wirkens der imaginierten „jüdischen Herrschaftselite" wahrgenommen, und jedes Übel gilt als „jüdisch". Dieser Kern des Antisemitismus, der ihn vom Vorurteil grundlegend unterscheidet, soll mit einem Beispiel verdeutlicht werden.

Die Mutter des rechtsextremen Attentäters von Halle charakterisierte ihren Sohn, nachdem dieser bei dem Anschlag am 9.10.2019 Juden am höchsten Feiertag Jom Kippur in der Hallenser Synagoge ermorden wollte und zwei Menschen in der Umgebung ermordete, wie folgt: „Er hat nichts gegen Juden in dem Sinne. Er hat was gegen die Leute, die hinter der finanziellen Macht stehen – wer hat das nicht?".[4] Die Juden galten dem Attentäter seiner Mutter zufolge also nicht als ethnisches oder religiöses Kollektiv, sondern als „Herrscher in der Finanzsphäre". Würde man einer solchen Interpretation folgen, könnte man das Attentat auf Juden in einer Synagoge als „Akt des Aufbegehrens" gegen die durch „die Juden personifizierte Macht" deklarieren. Das legen die Ausführungen der Mutter nahe, mit denen sie dem antisemitischen Phantasma vom „jüdischen Herrschaftswirken" eine Geltung zuweist. Zu welchem Maß die Mutter dieses antisemitische Weltbild als normalisiert betrachtet, wird in ihrer rhetorischen Frage offenkundig, die die Judenfeindschaft als Ressentiment gegen die imaginierte „jüdische Herrschaftselite" zum Element des „normalen Empfindens" erklärt.

Im antisemitischen Weltbild werden Juden als „absolutes Böses" dem durch die eigene Gemeinschaft verkörperten „absoluten Guten" entgegengesetzt. So ergibt sich ein widerstreitendes Verhältnis, in dem die Juden als das „allmächtige Böse" und stetige „Bedrohung der Gemeinschaft" gelten (vgl. Haury 2002, S. 106 ff.; Sartre 1945/1979, S. 131). Das Verhältnis zwischen der Gemeinschaft und Juden wird dann als ein Antagonismus wahrgenommen, wobei sich die Gemeinschaft in der Position des Opfers „jüdischer Aggression" und im Lichte der Allmachtzuschreibungen existenziell bedroht wähnt. Darin ist die Gewalt gegen Juden und die eliminatorische Dimension des Antisemitismus angelegt, wie sie in der Shoah einen Ausdruck fand. Die Gewalt erscheint im Antisemitismus als Notwehr, die Vernichtung der Juden als der Sieg über „das Böse".

Die einzelnen antisemitischen Feindbilder fußen in diesem Weltbild und seiner Struktur. Für sich betrachtet stehen sie mitunter in einem Widerspruch zueinander. So können antisemitische Judenbilder gleichermaßen darauf abzielen, Juden als der Gemeinschaft unterlegen, etwa als körperlich oder kulturell „minderwertig", und gleichermaßen als die Gemeinschaft aus einer Allmachtposition „beherrschend und bedrohend" darzustellen. Ebenso werden Juden zugleich entlang sich widersprechender Feindbilder dämonisiert, etwa als „Kommunisten und Kapitalisten", „Kosmopoliten und Nationalisten", als „modern und traditionell, gar rückständig" oder als „atheistisch und religiös".

Darin kommt der Wahncharakter des Antisemitismus zum Vorschein, der sich sein flexibles Feindbild schafft, indem er die eigenen Allmachts-, Herrschafts- und Gewaltphantasien auf „die Juden" projiziert. Die Feindbilder rationalisieren auch das Ressentiment gegen Juden, also die häufig nicht bewusste, in den Emotionen verankerte Feindschaft gegen Juden. Das antisemitische Ressentiment gründet dabei wesentlich auf einer spezifischen Dynamik, die daraus folgt, dass das, was Juden als Eigenschaften zugeschrieben wird oder was als ihre Position imaginiert wird, zum einen verdammt, zum anderen aber selbst gewünscht und ersehnt wird (z. B. „Macht", „Reichtum", „Intelligenz"). So entsteht ein Spannungsverhältnis, in dem Juden anziehen und abstoßen.

Außerdem richtet sich das Ressentiment gegen Juden daran aus, dass sie nach der Shoah als Hindernis einer ersehnten Identifizierung mit der Familie oder der Nation, ja einer „unbeschadeten Identität" (Chernivsky 2017, S. 274) gelten. Mit den antisemitischen Judenbildern sind entsprechend starke Emotionen verbunden. Mit ihnen werden Verachtung, Ekel, Neid oder Hass zum Ausdruck gebracht oder ausgelöst (vgl. Chernivsky 2017; Schwarz-Friesel 2019). Dass der Antisemitismus nicht nur als Weltbild gegen Fakten, die Wirklichkeit und Erfahrungen immunisiert und dabei sowohl die Wahrnehmung als auch das Denken so verzerrt, dass das von Diskriminierung, Verfolgung und Gewalt geprägte Verhältnis zwischen jüdischer Minderheit und nichtjüdischer Mehrheit umgedreht wird, liegt eben genau in dieser affektiven Verankerung begründet: Der Antisemitismus funktioniert nicht trotz der auf Phantasmen, Widersprüchen und Verzerrungen der Wirklichkeit angelegten Wahrnehmungs-, Denk- und Handlungsmuster, sondern wegen dieser. Er stellt einen wahnhaft irrationalen Komplex dar, der mit der Dämonisierung der Juden als Welterklärungsformel die Wahrnehmung der Wirklichkeit verstellt.

1 Die vermeidende Schreibweise „G'tt" folgt der Praxis des Judentums, den Namen aus Respekt nicht zu nennen und ihn nicht in einer missbräuchlichen Form zu nutzen.

2 Die Schreibweise „gott" soll den impliziten Geltungsanspruch des Christentums deutlich machen, der in der antijudaistischen „gottesmordlegende" zum Ausdruck kommt. Die Prämisse dieser Legende ist die christliche Lehre der Trinität und die Überzeugung, gott sei mit seinem Sohn Jesus ein Mensch geworden.

3 Der Begriff Antisemitismus geht auf Wilhelm Marr, seine Schrift „Der Sieg des Judenthums über das Germanenthum. Vom nichtconfessionellen Standpunkt aus betrachtet", die von ihm gegründete „Antisemitenliga" und damit auf das Jahr 1879 zurück.

4 Zitiert nach dem Spiegel-Artikel „Die wirre Welt des Attentäters": www.spiegel.de/panorama/justiz/halle-saale-stephan-balliet-bereitete-tat-seit-monaten-vor-a-12915 00.html (zuletzt abgerufen am 28.7.2020).

3 Antisemitismus in Bildern

Der Antisemitismus, wie er in seinen verschiedenen Erscheinungsformen und ihren durch ein Weltbild strukturierten Feindbildern bis hierher beschrieben wurde, hat sich in seiner Geschichte in den visuellen Darstellungen von Juden abgebildet. Die antisemitischen Feindbilder, verstanden als mentale Konzepte, haben Bilder in gegenständlicher Form hervorgebracht, die die Wahrnehmung von und die Einstellungen gegenüber Juden ebenso abbilden wie prägen.

Das Feindbild vom „diabolischen Juden mit Hörnern" geht auf die visuelle Darstellung Moses' mit Hörnern im Mittelalter zurück. Moses wurde auf Bildern oder bildlich mit Hörnern dargestellt, da eine Passage aus dem Tanach in der lateinischen Bibel falsch übersetzt wurde und das hebräische Wort für „Strahlen" somit zu „Hörnern" gemacht wurde (vgl. Bertman 2009).

Schon im Mittelalter, in dem die Bilder aufgrund der mangelnden Alphabetisierung der Bevölkerung ein wichtiges Medium des Antisemitismus waren, wurden Juden mit der Darstellung einer imaginierten „jüdischen Körperlichkeit" stigmatisiert – etwa als „dunkle, krummnasige Verräter", deren Gesicht, Mimik und Körperhaltung abstoßend wirken sollten. All diese vermeintlichen Merkmale einer „jüdischen Körperlichkeit" mobilisierten negative Emotionen.

Der moderne Antisemitismus hat daran angeschlossen und die etablierten Feindbilder auf der Grundlage seiner ideologischen Legitimierung in ein „Rassenverhältnis" überführt. Die körperlichen Zuschreibungen wurden zu einer „jüdischen Physiognomie" verdichtet, die die Merkmale eines „deformierten, schwachen oder fettleibigen Körpers" und eines „hässlichen Gesichts", einer „Krumm- oder Hakennase", „abstehender Ohren", einer „niedrigen Stirn" oder eines „großen Kopfs mit Glatze" vereinte. Als Medium hierfür diente die seit dem Ende des 19. Jahrhunderts weit verbreitete Karikatur. Die Konstruktion dieser Körperlichkeit kam der Zuschreibung „naturhafter Wesensmerkmale" gleich, der imaginierte Körper stand als Zeichen für den imaginierten Charakter. So etwa bei der Figur des „dreckigen, schwachen Juden", die am Anfang des 20. Jahrhundert als „unterlegen, arbeitsscheu und verkommen" ebenso als „Parasit" dargestellt wurde, wie die Figur des durch „Fettleibigkeit" als „dekadent, dem Geld verfallen und amoralisch" ausgewiesenen „feisten Bonzen". Sinnfällig wird dies anhand der nationalsozialistischen Karikaturensammlung „Juden stellen sich vor" aus dem Jahr 1934, die eine Typologie von Juden in verschiedenen Rollen bzw. Feindbildern auf diesem Kontinuum der antisemitischen Abwertung und Dämonisierung darstellt (vgl. Enzenbacher 2018).[1]

Auch heute prägen Bilder den Antisemitismus, sie stellen ein wesentliches Medium zur häufig sozial akzeptierten Kommunikation des Antisemitismus mit einem Israelbezug dar. Die Judenbilder des Antijudaismus und des modernen Antisemitismus werden mit Bezug auf Israel aktualisiert. Die Ächtung des Antisemitismus wird damit außer Kraft gesetzt, dass entlang von Stereotypen als Juden dargestellte Menschen Israel repräsentieren sollen, antisemitische Stereotype auf Juden übertragen werden, die willkürlich im Zusammenhang mit Israel gebracht werden oder die vor dem Hintergrund ihrer tatsächlichen Funktion, den jüdischen Staat als Politiker zu repräsentieren, als „böse" ausgewiesen werden – z. B. als „Kindermörder" oder „Kriegstreiber".[2] Die Dämonisierung des jüdischen Staats basiert auf der tradierten antisemitischen Bildsprache und bedient sich damit Symbolen, Personifikationen und Zoomorphismen, d.h. der Entmenschlichung durch die Darstellung als Tier (vgl. Gerstenfeld 2019). Das imaginierte Machtstreben und die „unsichtbar um sich greifende Gefahr" beispielsweise wird mit dem Kraken symbolisiert, der schon von Nationalsozialisten zur Dämonisierung von Juden genutzt wurde (vgl. Feuerherdt 2016).

So tritt die Kontinuität des Antisemitismus heute entlang von Bildern in unterschiedlichen Zusammenhängen in der Öffentlichkeit deutlich hervor, insbesondere mit Bezug auf Israel. Das gilt für die Medien auf der ganzen Welt, aber in einem grassierenden Maße für die arabischen, türkischen und iranischen Medien (vgl. Ben-Ari 2002).[3] Die Reichweite und der Einfluss dieser Medien auf ihre Nutzer/-innen in Deutschland ist nicht zu unterschätzen.

Auch in den Medien in Deutschland werden antisemitische Bilder mit Israelbezug verbreitet. Erkannt wird der Antisemitismus jedoch in der Regel erst dann, sobald er von anderer Stelle problematisiert oder skandalisiert wurde. Vielen Menschen fällt der israelbezogene Antisemitismus gar nicht auf, häufig werden seine bildlichen Manifestationen als „Israelkritik" oder als von der Kunstfreiheit gedeckte kontroverse Meinungen legitimiert oder verteidigt. Dafür stehen verschiedene Skandale exemplarisch, bei denen der Veröffentlichung einer antisemitischen Karikatur in einer Zeitung eine Skandalisierung, eine Diskussion des „Antisemitismusvorwurfs" und schließlich eine Distanzierung vom Antisemitismus oder Entschuldigung folgte. Das antisemitische Bild bleibt aber in der Welt. Dass dieser Prozess nicht unbedingt mit der Entwicklung eines Problembewusstseins einhergeht, illustriert das Beispiel der „Süddeutschen Zeitung", die in den Jahren 2013[4], 2014[5], 2018[6] und 2022[7] antisemitische Karikaturen veröffentlichte und sich im Nachhinein jedes Mal vom antisemitischen Gehalt distanzierte.

Auch in Schulbüchern haben Bilder Eingang gefunden, die einen einseitigen und verzerrten Zugang zum Nahostkonflikt eröffnen, diesen emotionalisieren, Israel negativ oder gar als Aggressor darstellen und damit Antisemitismus fördern (vgl. Behrens/Tenhafen 2016, S. 11).

Der Historiker Wolfgang Geiger weist nach, dass in Schulbüchern das antijudaistische Stereotyp der Geldnähe und des Wuchers mitunter mit Bildern aus dem Mittelalter dargestellt wird, die gar keine Juden abbilden, das aber beanspruchen. Flankiert wird diese Darstellung mit der falschen Kontextualisierung dieses Stereotyps, das auf das selbst übersteigert, verzerrt und historisch falsch erklärte Wirken von Juden als Geldverleiher und Banker bezogen und als Erklärung des Hasses und der Gewalt gegen Juden dargeboten wird. In der Folge werde „das

Vorurteil [...] damit zur Erklärung für sich selbst" (vgl. Geiger 2008, S. 11).

Ein Schulbuch des Klett-Verlags (Anstöße 2) für Gesellschaftskunde in den Klassen 7 bis 9 aus dem Jahr 2012 enthält eine antisemitische Illustration, die die Entstehung der Eurokrise thematisieren soll. Im Stile des Computerspiels Pac-Man bewegt sich ein einem Smiley nachempfundener Kopf mit scharfen Zähnen und geöffnetem Mund auf einer Karte auf Europa zu, um den Kontinent zu verschlingen. Im Hintergrund weist eine Banknote mit der Aufschrift „Rothschildbank" diese Aggression als „jüdische Verschwörung" aus.[8] Denn der Name Rothschild dient als Code für Verschwörungsmythen über eine geheime Elite, über das „internationale Judentum", die Weltherrschaft oder den Zionismus. Es werden also die Phantasmen einer „jüdische Aggression" und „Verschwörung" im Muster des Antisemitismus als Ursache der Eurokrise dargestellt.

Der Antisemitismus hat über Jahrhunderte also Bilder von Juden hervorgebracht, die Juden entlang körperlicher und charakterlicher Zuschreibungen verspotten, schmähen, zum Bösen erklären und damit als Feinde stilisieren. Die Bilder von Juden spiegeln damit einen kollektiven Wissensbestand wider, sie sind wirkmächtiges Medium bewusster oder unbewusster Kommunikation des Antisemitismus oder seiner politischen Propagierung – und das bis heute.

Das rekonstruieren verschiedene Werke zur Analyse der bildlichen Zeugnisse des Antisemitismus von der Antike, über das Mittelalter bis hin zur Moderne (vgl. Fuchs 1921; Jüdisches Museum der Stadt Wien 1995) oder eine Analyse von antisemitischen Postkarten im Deutschen Reich und der Weimarer Republik (vgl. Gold/Backhaus 1999). Die im israelbezogenen Antisemitismus abgebildete Kontinuität mit dem Fokus auf arabische Medien rekonstruieren u.a. Kotek (2008), Ben-Ari (2002) und Schwarz (2005).

1 In welchem Maß antisemitische Bilder im Nationalsozialismus den Alltag geprägt haben, illustrieren Zeitschriften wie „Der Stürmer" oder Kinderbücher wie „Der Giftpilz" oder „Trau keinem Fuchs auf grüner Heid und keinem Jud bei seinem Eid".

2 Bei Karikaturen wird zwischen der personalen Typenkarikatur und personaler Individualkarikatur unterschieden. Während Erstere eine fiktive Figur z. B. allegorisch oder personifizierend als Repräsentanten eines Kollektivs markiert, bezieht sich Letztere auf tatsächliche Personen und die übersteigerte Darstellung ihrer Merkmale. Antisemitische Karikaturen gibt es in beiden Varianten: Einmal repräsentiert ein durch die antisemitische Bildsprache gezeichneter Jude das Kollektiv oder den Staat der Juden, einmal wird ein Jude, in der Regel ein Politiker, mit „typisch jüdischen Merkmalen" stereotypisiert.

3 Siehe dazu auch Anti-Defamation League: www.adl.org/blog/anti-semitic-cartoons-in-arabic-language-media-allege-israelijewish-domination-of-us; www.adl.org/blog/anti-semitic-cartoons-a-hallmark-of-qatari-newspapers; Middle East Media Research Institute (Memri): www.memri.org/reports/turkish-newspaper-prints-antisemitic-cartoons-depicting-jews-vampires-vultures-and-butchers; Jewish Virtual Library: www.jewishvirtuallibrary.org/gaza-war-anti-semitic-cartoons.

4 So etwa das Bild eines Monsters, dem in erregterer Erwartung Essen serviert wird. Das Bild erhält durch seine Untertitelung einen eindeutig antisemischen Gehalt. Israel wird als „gefräßiger Moloch", dem Deutschland Waffen serviere, dargestellt. Das Bild findet sich im Artikel „Gefräßiges Monster Israel" von Michael Wuliger in der Jüdischen Allgemeinen: www.juedische-allgemeine.de/politik/gefraessiges-monster-israel/(zuletzt abgerufen am 29.7.2020).

5 2014 wurde eine Karikatur von Mark Zuckerberg als um sich greifender Datenkrake mit Hakennase, die ihm der antisemitischen Bildsprache nach als machtvollen und bedrohlichen Juden ausweist, abgedruckt. Das Bild findet sich im Artikel „Karikatur des Tages" von Pascal Beucker in der Jüdischen Allgemeinen: www.juedische-allgemeine.de/politik/gefraessiges-monster-israel/(zuletzt abgerufen am 29.7.2020).

6 2018 wurde eine Karikatur (Bild Nr. 17) des israelischen Ministerpräsidenten Netanjahu veröffentlicht, die ihn als Sängerin Netta mit Rakete in der Hand darstellt, auf diese Weise in antisemitischer Manier effeminiert, stereotyp zeichnet und als einen das Judentum repräsentierenden Aggressor zeigt.

7 Im Mai 2022 wurde in der Süddeutschen Zeitung eine Karikatur veröffentlicht, die den jüdischen Präsidenten der Ukraine Wolodymyr Selenskyj bei einer Rede vor dem Weltwirtschaftsforum in Davos zeigt. Die Süddeutsche Zeitung sieht in der Karikatur den Anspruch verbrieft, die Fernsehbilder der Rede Selenskyjs darzustellen, mit der er wegen des russischen Angriffskriegs auf die Ukraine im Jahr 2022 weitere Sanktionen gegen Russland forderte.
Einen antisemitischen Charakter erhält die Karikatur dadurch, dass sie im disproportionalen Arrangement vom übergroßen Selenskyi zu den an einem runden Tisch versammelten, klein als Befehlsempfänger stilisierten Teilnehmern des Weltwirtschaftsforums bildsprachlich das antisemitische Phantasma einer „jüdischen Herrschaftselite" bzw. der Macht von Juden über Wirtschaft und Politik transportiert. Der Journalist Frederik Schindler weist in diesem Zusammenhang im auf Welt Online erschienen Artikel „Die „Süddeutsche Zeitung" reproduziert antisemitische Bildsprache" darauf hin, dass die Karikatur darüber hinaus auch antisemitische Phantasmen rund um die Zuschreibungen von Bellizismus und Juden als Profiteure von Kriegen zum Ausdruck bringt. Eine Abbildung der Karikatur findet sich im Artikel: https://www.welt.de/debatte/kommentare/article239008315/Karikatur-von-Selenskyj-Die-SZ-reproduziert-antisemitische-Bildsprache.html (zuletzt abgerufen am 01.08.2022).

8 Das Bild ist im Artikel „Wenn im Schulbuch jüdische Banker die EU auffressen" von Hannelore Crolly auf welt.de zu sehen: www.welt.de/politik/deutschland/article1616330 95/Wenn-im-Schulbuch-juedische-Banker-die-EU-auffressen.html (zuletzt abgerufen am 29.7.2020).

4 Der Einsatz im Unterricht

Mit diesem Buch soll die Kontinuität des Antisemitismus sichtbar gemacht und anhand von exemplarischen antisemitischen Bildern aus unterschiedlichen Zeiten (Mittelalter, Moderne, Nationalsozialismus, jüngere Vergangenheit und Gegenwart) analysiert werden. Die vergleichende Bildanalyse stellt ein Instrument dar, um die Kontinuität des Antisemitismus anhand seiner Manifestationen in Bildern im Unterricht thematisieren zu können und Schüler/-innen über das Phänomen Antisemitismus zu bilden.

Die vergleichende Analyse der Bilder zielt auf wesentliche Dimensionen des Antisemitismus ab, wie sie in den Kapiteln 2 und 3 eingeführt wurden. Zuerst wird die Konstruktion „jüdischer Andersartigkeit" im Hinblick auf Zugehörigkeit zum Thema gemacht und als Analyseschema für antisemitische Bilder aus der Vergangenheit und Gegenwart genutzt (5.1). Daran schließt eine Analyse von Bildern an, die antisemitische Feindbilder und Legenden (z. B. „gottesmord", „Ritualmord", „Geldnähe", „Herrschaftsstreben") darstellen und damit der Dämonisierung von Juden oder dem jüdischen Staat dienen (5.2). Abschließend wird das Verhältnis von Diskriminierung, Dämonisierung und Gewalt anhand einschlägiger antisemitischer Bilder analysiert, um die eliminatorische Dimension des Antisemitismus in ihrer Kontinuität darzustellen (5.3).

Jedes Bild wird kurz historisch kontextualisiert, um schließlich die Motive, die Komposition oder den Hintergrund der Bezugnahmen durch ein Bild zu erklären. Auf Hintergrundwissen, etwa zu dargestellten Personen, Sachverhalten oder Ereignissen, kann nur verwiesen werden. Im Vordergrund der Analyse stehen die wesentlichen Mechanismen der antisemitischen Differenzkonstruktion, ihre Funktionen und die durch das Bild aktivierte Struktur des antisemitischen Weltbildes.

Der Einsatz im Unterricht sollte angemessen vorbereitet und der Arbeit mit dem Bild- und dem Textmaterial den Raum gegeben werden, den es für eine ausführliche Auseinandersetzung bedarf. Die Auseinandersetzung sollte wesentlich über den vorausgesetzten oder oberflächlichen Nachweis des antisemitischen Gehalts der Bilder auf Basis ihrer „zur Schaustellung" hinausgehen. Sie sollte vielmehr auf der Erklärung des historischen Kontexts, der des antisemitischen Gehalts bestimmter Stereotype, der Modi antisemitischer Differenzkonstriktionen und der Botschaft der Bilder, die sich aus dem ideologischen Kontext der Feindbilder in der Struktur des antisemitischen Weltbildes ergibt, beruhen.
Dabei sollte die Auseinandersetzung nicht auf eine wissensbasierte Widerlegung antisemitischer Legenden und Feindbilder reduziert werden, da deren Geltungsanspruch sich aus dem wahnhaften antisemitischen Weltbild ableitet, also aus gegenstandslosen Anschuldigungen oder Phantasmen. Um antisemitische Feindbilder nicht zu reproduzieren, ist es wichtig, antisemitische Stereotypisierungen nicht als falsche verallgemeinernde Zuschreibungen zu verstehen, sondern auf ihren Wahngehalt zur Dämonisierung von Juden bezogen zu widerlegen. Die als Widerlegung eines Stereotyps intendierte Aussage beispielsweise, „nicht alle Juden sind reich", reproduziert das antisemitische Feindbild der „Geldnähe", indem es dessen Geltung als Prämisse setzt und Ausnahmen davon machen möchte.

1. **Historische Kontextualisierung**
   Aus welcher Zeit und aus welcher Quelle stammen die Bilder?
2. **Beschreibung des Bildmotivs, der Differenzkonstruktion und des antisemitischen Gehalts**
   Wie werden Juden dargestellt? Was soll das über sie aussagen? Von welcher Gruppe werden Juden unterschieden?
3. **Das antisemitische Weltbild als Kontext thematisieren**
   Um welches Feindbild oder Phantasma handelt es sich? Welche Ordnung wird damit zwischen Juden und Nichtjuden entworfen? Welche Schlussfolgerung wird mit dem Bild nahegelegt?
4. **Emotionalisierung durch das Bild hervorheben**
   Was soll das Bild auslösen? Welche Gefühle spricht es an?

Skizze der Schrittfolge zum Vorgehen im Unterricht

In diesem Zusammenhang ist der häufig benannte Anspruch, mit oder für Schüler/-innen antisemitische Bilder zu „dekonstruieren", einzuordnen. Dass die Rekonstruktion des antisemitischen Gehalts von Bildern oder die Widerlegung der mit ihnen als wahr dargestellten Sachverhalte häufig als Dekonstruktion bezeichnet wird, ist missverständlich. Denn die so verstandene Dekonstruktion bezieht sich auf die visuelle Darstellung, anhand der in der Tat die Konstruktion antisemitischer Feindbilder in der Kultur aufgezeigt, kognitiv verstanden und zurückgewiesen werden kann. Entscheidend bei der Auseinandersetzung mit Antisemitismus, und vor allem mit dem unter Schüler/-innen, sind aber die mentalen Judenbilder, d.h. die internalisierten Stereotype, Feindbilder und Phantasmen. Diese mögen zwar den visuellen Judenbildern entsprechen, sie sind jedoch emotional und gegebenenfalls in einem Weltbild verankert. In dieser Hinsicht kommt die „Dekonstruktion" visueller antisemitischer Judenbilder keinesfalls der „Dekonstruktion" mentaler antisemitischer Judenbilder gleich. Diese Unterscheidung ist wichtig, um die pädagogische Auseinandersetzung mit Antisemitismus nicht als erledigt zu betrachten, wenn ein antisemitisches Bild „dekonstruiert" wurde.

Die Reflexion darüber, wie die pädagogische Auseinandersetzung mit Antisemitismus zu rahmen ist, ist unabdingbar und die Voraussetzung dafür, dass Bildmaterial im Unterricht dafür nutzen zu können, die Kontinuität des Antisemitismus zu erschließen, ohne Stereotype und Feindbilder zu reproduzieren (vgl. Widmann 2008, S. 35 ff.; Rickert 2019, S. 86 ff.). Andernfalls bestehe die Gefahr, „dass Schülerinnen und Schüler erst die Stereotype lernen, gegen die man sie immunisieren wollte" (Widmann 2008, S. 35). Die visuellen Judenbilder würden dann mentale Judenbilder aktivieren oder prägen, also kontraintendiert den Antisemitismus verfestigen (vgl. Scherr/Schäuble 2006, S. 23).

Dabei ist es zentral, dass antisemitische Bilder auf explizite oder subtile Weise das antisemitische Weltbild kommunizieren und starke Emotionen mobilisieren können. Sie können mit Andeutungen und Chiffren einen in der Kultur kodifizierten Sinn ausdrücken, und somit dafür stehen, was sich nicht sprachlich fassen lässt, aber trotzdem sofort verstanden wird. Antisemitische Bilder können eine Wirkmächtigkeit entwickeln und die Wahrnehmung „der Juden" entlang von Phantasmen und Stereotypen prägen; bei mangelnder Kontextualisierung sogar im Unterricht oder in Schulbüchern (vgl. Strangmann 2014, S. 134). Der daraus resultierenden Reproduktion von Stereotypen und der Internalisierung antisemitischer Feindbilder soll mit der Analyse der antisemitischen Bilder vorgebeugt bzw. entgegengewirkt werden. Damit wird verhindert, dass die Bilder ihrer Konzeption nach ihren Geltungsanspruch und ihre Wirkmächtigkeit entfalten, sich als Bilder über „die Juden" festsetzen und dann als Beleg oder als Rationalisierung für all das stehen, was im antisemitischen Weltbild angelegt ist: Die Entmenschlichung von Juden als personifiziertes Böses und die Ermächtigung zur Gewalt und Vernichtung des Bösen.

Um zu verhindern, dass Schüler/-innen die Geltung dessen unterstellen, was antisemitische Bilder darzustellen oder abzubilden beanspruchen, sollte unbedingt vermieden werden, mit den Schüler*innen zu diskutieren, *ob* die Bilder Antisemitismus ausdrücken (vgl. Rickert 2019, S. 85). Vielmehr soll angeleitet und gemeinsam rekonstruiert werden, dass es sich um antisemitische Abbildungen handelt und erarbeitet werden, wie diese Juden oder Israel als Feinde markieren. Andernfalls wird der antisemitische Gehalt mit der Diskussion infrage gestellt. In der Folge könnten antisemitische Feindbilder und Phantasmen als zutreffend oder wahr verstanden werden, sodass die Judenfeindschaft als Reaktion auf das, was den Juden im Antisemitismus zugeschrieben wird, gerechtfertigt erscheint.

Ihre Wirkung erhalten die antisemitischen Bilder auch und ganz konkret als Angriff auf Juden, die als obszön verspottet, als dunkle, hässliche Kreaturen geschmäht oder als Mörder dämonisiert werden. Das sollte stets bedacht werden, vor allem vor dem Hintergrund, wenn jüdische Schüler/-innen als Betroffene mit dem Bildmaterial konfrontiert werden (vgl. Bernstein 2020, S. 434 ff.).

5 Bildvergleich

Der Bildvergleich wird auf der Grundlage der Unterscheidung wesentlicher Dimensionen des Antisemitismus gegliedert. Es geht darum, wie Bilder Juden die Zugehörigkeit zu einer definierten Gemeinschaft entziehen und eine „Andersartigkeit der Juden" konstruieren (5.1). Daran schließt der Vergleich von Bildern an, die antisemitische Feindbilder und Legenden darstellen (5.2). Schließlich werden Bilder verglichen, um auf dieser Grundlage das Verhältnis von Diskriminierung, Dämonisierung und Gewalt im Antisemitismus sichtbar zu machen (5.3). Diese Dimensionen überschneiden sich, viele Bilder sind allen drei Dimensionen zuzuordnen. Nichtsdestotrotz dienen die Dimensionen hier als theoretische Konzepte, auf deren Grundlage die Bilder auf einen Aspekt ihres antisemitischen Gehalts hin verdichtet werden.

Jedem Bild sind eine Nummer, die auf das Quellenverzeichnis verweist, und Angaben zur Veröffentlichung zugeordnet.

5.1 Zugehörigkeit und „Andersartigkeit"

Mit der bildlichen Darstellung von Juden wurde über Jahrhunderte hinweg Distanz zu ihnen aufgebaut. Sie wurden als der Gemeinschaft nicht zugehörig und „andersartig" ausgewiesen. Im 11. Jahrhundert hat sich der „Judenhut", ein breiter Hut in Trichterform (Bild 6), als Symbol etabliert, um Juden auf Bildern zu kennzeichnen und von Christen zu unterscheiden. Auf Bildern wurden Juden also mit Kleidung markiert. Das hat der antisemitischen Diskriminierung im Mittelalter entsprochen, wie sie in dem in den folgenden Jahrhunderten geltenden Zwang, zur Kennzeichnung den „Gelben Fleck" auf Brusthöhe an der Kleidung tragen zu müssen, zum Ausdruck gekommen ist. An diese Diskriminierungspraxis zur Stigmatisierung schloss die Kennzeichnung von Juden im nationalsozialistischen Deutschland mit dem „Judenstern" an.

Die bildliche Darstellung der Juden ging bereits im Mittelalter, in dem Juden den Christen als religiöse Gruppe gegenübergestellt wurden, zu einer physiognomischen Differenzkonstruktion über (Bilder 6, 9 und 18). Das ikonographische Schema der Markierung von Differenz ergab sich nun primär aus der Darstellung der Körper und Gesichter.

Vor diesem Hintergrund wurden Juden auf Bildern nicht nur als „fremd", sondern als „andersartig" von der Gemeinschaft unterschieden. Im Folgenden wird dieser Mechanismus entlang von Darstellungen aus dem deutschen Kaiserreich, der Weimarer Republik und der ersten irakischen Republik analysiert.

1

2

3

1 1903: Titelblatt der Wochenzeitschrift „Simplicissimus", Deutschland „Die Polonisierung Westpreußens"

2 1926: Plakat, Deutschland (United States Holocaust Memorial Museum) Aufschrift; „Es tut mir in der Seele weh, daß ich dich in der Gesellschaft seh!"

3 1967: Karikatur. Al-Manar, Irak „Wie ein Davidstern zu benutzen ist"

Das Titelblatt der satirischen Wochenzeitschrift „Simplicissimus" (1) zeigt drei mit antisemitischen Stereotypen als „Ostjuden" ausgewiesene Männer, die in einer Flut umherspringender weißer Kaninchen stehen. Die antisemitische Stereotypisierung erfolgt durch die Zuschreibung körperlicher (Hakennase, bucklige Gestalt, bärtig, sinisteres Gesicht) und kultureller Merkmale (Kleidung, schwarzer Mantel [Kaftan], Kippa und Hüte, sowie wildes Gestikulieren). In dieser Gestalt und der Formation erscheinen die Juden nicht nur als fremd, sondern auch als Bedrohung. Ein farblicher Kontrast hebt sie aus dem Meer von Kaninchen hervor. Die Gesichtszüge der Kaninchen sind aber gleichermaßen böse gezeichnet. Die Körperhaltungen und Bewegungen wirken ebenfalls bedrohlich. Die Bedrohung konkretisiert sich in dem Titel „Polonisierung Westpreußens" und dem Untertitel „Bald werden wir die einzigen sein, die hier noch reden daitsch". Es geht um das Motiv der Bedrohung des deutschen Kaiserreichs und der Deutschen durch Juden oder Polen. Die das Jiddische verhöhnende Untertitelung transportiert die Botschaft, die als Polonisierung benannte Einwanderung von Juden aus dem Osten bedrohe die Deutschen. Damit schließt die Karikatur an Stereotype über „Ostjuden" an, die seit den 1880er-Jahren in den Westen migrierten. Dort galten sie im Unterschied zu assimilierten Juden als „rückständig", häufig durch Religiosität symbolisiert, „dreckig" und „arm". Basierend auf dieser Differenzkonstruktion wurden sie als Bedrohung für die nationale Gemeinschaft wahrgenommen.

Diese Botschaft wird auch mit dem Plakat (2) aus der Weimarer Republik transportiert, wobei Juden hier stereotyp als körperlich „minderwertig" (große Nase, niedrige Stirn, krauses Haar, O-Beine, klein und schwach), einem körperlich „überlegenen" Deutschen (blond, groß, stark und aufrecht) gegenübergestellt werden. Die Gegenüberstellung von Juden und Deutschen basiert also auf Körperlichkeit. Darüber hinaus wird sie auf ein gesellschaftliches Verhältnis übertragen. Der Deutsche wird als arbeitsam und fleißig, symbolisiert durch Kleidung und Werkzeug, dargestellt, er schleppt den durch seine bürgerliche Kleidung als nicht körperlich arbeitenden Juden durch. Vor diesem Hintergrund illustriert das Bild das in der Beschriftung formulierte antisemitische Diktum: „Es tut mir in der Seele weh, daß ich dich in der Gesellschaft seh!". Dass Juden auf Kosten der nationalen Gemeinschaft lebten und keinen Platz in der Gesellschaft haben sollten, ist die Botschaft der personifizierenden Versinnbildlichung einer imaginierten Hierarchie, die Juden den Deutschen körperlich und charakterlich als „minderwertig" gegenüberstellt. Diese Hierarchie und die Feindbilder „körperlicher und charakterlicher Minderwertigkeit" bzw. die Vorstellung von der Überlegenheit wurden zu dieser Zeit rassistisch begründet.

Anhand der Karikatur aus der irakischen Quelle zeigt sich, dass sowohl tradierte antisemitische Stereotype über eine „jüdische Körperlichkeit" als auch das darüber hergeleitete imaginierte Machtverhältnis zwischen Juden und der eigenen Gemeinschaft nach der Shoah Bestand haben. Auf dem Bild ist eine mit Hakennase, krausem Haar und zerfahrenem Gesicht der antisemitischen Bildsprache nach als Jude dargestellte Kreatur mit ihrem Kopf in einem Davidstern gefangen, der von einer im Hintergrund befindlichen Gestalt als Schlinge zugezogen wird. Hier wird die Vernichtung der Juden nach der Shoah als Ziel ausgegeben, womit deutlich wird, dass der Antisemitismus Juden nicht nur die Zugehörigkeit, sondern vielmehr die Existenz abspricht. Symbolisch durchgeführt wird der glorifizierte Judenmord von einer nur mit dem Oberkörper erkennbaren starken Gestalt, die allein wegen ihrer Größe dem kreatürlich und klein gezeichneten Juden überlegen ist. Diese Vernichtungsphantasie legt nicht nur die eliminatorische Dimension des Antisemitismus offen, die in der Feindbildkonstruktion als „andersartig" angelegt ist. Sie ist auch vor dem Hintergrund des Sechstagekriegs 1967 zu betrachten, in dem sich Israel militärisch gegen Ägypten, Jordanien und Syrien durchgesetzt und vor der drohenden Zerstörung verteidigt hat. Damit hat der jüdische Staat seinen Feinden, deren erklärtes Ziel die Vernichtung Israels gewesen ist, eine empfindliche Niederlage beigebracht und seine Existenz gesichert. In diesem Kontext wird deutlich, dass sich die antisemitische Dämonisierung auf dem Bild, wenngleich sie sich direkt auf Juden bezieht, wesentlich um die Dimension des Einbezugs des jüdischen Staats erweitert.

4

5

4 vor 1937: nationalsozialistisches Propaganda-Plakat, Reproduktion eines Kupferstich S. C. von Dumont 1852.

5 1940: Plakat des nationalsozialistischen Propagandafilms: „Der ewige Jude", Deutschland (United States Holocaust Memorial Museum)

In der Legende vom „ewigen Juden" hat sich die Zuschreibung einer „Andersartigkeit" und die Zuweisung der Position als nicht zugehörig festgeschrieben. Sie geht auf das Christentum und die Bibel zurück, hat sich aber erst auf der Grundlage eines deutschen Volksbuchs aus dem Jahr 1602 explizit als antisemitische Legende entwickelt. Als „ewiger Jude" gilt darin „Ahasver", ein Schuster, der sich als Jude dem Christentum verweigert, die Kreuzigung Jesus gefordert und ihm auf dem Kreuzweg eine Pause verwehrt und ihn verspottet haben soll. Jesus habe ihn daraufhin zur „ewigen Wanderschaft", also zu einer ewig andauernden „Wurzel- und Rastlosigkeit", verdammt. Das mentale Bild vom „ewigen Juden" gründet also in einer Legende, die Juden als Verweigerer des christlichen Erlösungsversprechens und deshalb als verflucht schmäht. In diesem Zusammenhang erscheint auch die Zerstörung des zweiten Jerusalemer Tempels 70 n. d. Z. und die Vertreibung aus Israel, also die Diaspora, als „gerechte Strafe". Doch hat sich das Feindbild des „ewigen Juden" von seinem christlichen Ursprung gelöst und als „Wesenskern" der Juden als „heimat- und wurzellose" und „bedrohliche" Gestalten verfestigt. Alle dämonisierenden Eigenschaften, die den Juden im Antisemitismus zugeschrieben werden, und ihre Position als außerhalb der Gesellschaft stehende Parias werden dergestalt als zeitlos und im Phantasma einer „jüdischen Wesenhaftigkeit" verabsolutiert.

Die Reproduktion eines Kupferstichs mit dem Motiv (4) aus dem 19. Jahrhundert durch die Nationalsozialisten weist die Kontinuität und Wirkmächtigkeit der Legende aus. Der durch eine Hakennase, eine niedrige Stirn und einen deformierten Körper stereotypisierte Jude auf dem Bild konkretisiert das durch die Legende verbreitete mentale Bild oder Phantasma vom „ewigen Juden". Es diente den Nationalsozialisten zu Propagandazwecken.

Bei der nationalsozialistischen Propaganda ist dem Motiv des „ewigen Juden" auch in anderer Form eine wesentliche Bedeutung zugekommen. So lautete der Titel einer Wanderausstellung zur Dämonisierung von Juden und Judentum von 1937 bis 1938 „Der ewige Jude". Mit dem nationalsozialistischen Propagandafilm „Der ewige Jude. Ein Dokumentarfilm über das Weltjudentum" aus dem Jahr 1940 wurden Juden als „minderwertige Rasse" und „Feinde der Deutschen" dämonisiert. Damit wurde die Vernichtung der Juden, wie sie in der Shoah mit der Ermordung von sechs Millionen Juden in die Tat umgesetzt wurde, als Sieg über das Böse dargeboten. Das Plakat zum Film (5) verbindet den Titel mit dem rotgezeichneten Davidstern als Symbol für das Judentum mit fünf als „Ostjuden" mit Hakennasen, niedriger Stirn, ausgeprägten Augenhöhlen, hochgezogener Augenbraue und teils rötlich unterlaufenen Augen stereotypisierten und sowohl als religiös als auch als bürgerlich ausgewiesenen Männern. Die Gesichter der Juden, vier an den äußeren Rändern des Davidsterns und eines zentral in seiner Mitte angeordnet, sollen das „dämonische Wesen" des Judentums personifizieren – unterstrichen dadurch, dass sie böse blicken und der Blickkorridor teils bedrohlich auf den Betrachter gerichtet ist. Damit sollen sie für das Phantasma des „Weltjudentums" und somit für ein wahnhaftes Ideengebäude stehen.

In der Gegenwart wird das mentale Bild vom „ewigen Juden" mitunter auf Juden bezogen. So etwa in einem Beitrag in der Frankfurter Rundschau im Jahr 2019, in dem es zum ehemaligen israelischen Ministerpräsidenten hieß: „Der ewige Netanjahu".[1] Dieses Beispiel steht instruktiv dafür, wie tradierte antisemitische Judenbilder sprachlich fortbestehen, indem sie auf Israel oder israelische Politiker bezogen werden.

1 Siehe dazu einen Artikel von Frederik Schindler in der taz: www.taz.de/Kommentar-FR-zur-Israelwahl/!5587375/ (zuletzt abgerufen am 19.7.2020).

5.2 Legenden und Feindbilder

„gottesmord"

Die Legende vom gottesmord ist ein wesentliches Element des Antijudaismus. Mit ihr wird Juden die Allmachtposition zugeschrieben, selbst gott töten zu können. Sie gelten damit als „absolutes Böses" und „Feinde der Christen". Die Legende vom gottesmord geht auf die Bibel und die Entstehung des Christentums zurück, mit ihr werden Juden kollektiv für die Kreuzigung des nach christlicher Heilsgeschichte in Jesu menschgewordenen gotts durch die Römer verantwortlich gemacht. Auf der Grundlage dieser falschen Anschuldigung und der Übertragung einer imaginierten Schuld auf alle Juden beanspruchten die Christen den Bund mit G'tt, der von ihm mit den Juden geschlossen wurde. Die Legende diente als Legitimation der Diskriminierung von und Gewalt gegen Juden. Ab dem 13. Jahrhundert wurde der Hostienfrevel als Reinszenierung des gottesmords imaginiert. Dem Phantasma nach schändeten Juden Hostien, die in der christlichen Lehre für den „Leib Christi" stehen.

6

7

The caption in this picture reads: "Whenever you see a crucifix, think of the horrible murder of Jesus by the Jews." The Nazis used this common belief among Christians to further alienate Jews. Nazi ideology, however, was against all religions and viewed Christianity as a transferred form of Judaism. Some Aryan symbols appear in this picture such as the bright hair, the connection to nature, children, and the continuity of the race.

8

6 14. Jahrhundert: Wandmalerei, Katharinenkapelle Landau, Deutschland
7 1938: „Der Giftpilz", Kinderbuch, Deutschland
Untertitelung: „Wenn ihr ein Kreuz sehr, dann denkt an den grauenhaften Mord der Juden auf Golgatha [...]"
8 2012: „Enough is Enough" Cartoon, pro-palästinensische Websites

Die Wandmalerei aus dem 14. Jahrhundert steht als mittelalterliches Zeugnis für die Legende vom „gottesmord" und ihre Wirkmächtigkeit. Mit ihr wird das imaginierte Szenario des „gottesmord" dargestellt. Die Abbildung zeigt einen Juden (stereotype Körperlichkeit und „Judenhut"), der Jesus kreuzigt, ihn mit einem Hammer an das Kreuz nagelt. Die Kontinuität der Legende vom „gottesmord" folgt aus dem Bild aus dem nationalsozialistischen Kinderbuch „Der Giftpilz" (7), auf dem eine das völkisch-deutsche Körperideal repräsentierende Familie, eine als Landarbeiterin dargestellte Mutter und drei blonde Kinder, vor einem Flurkreuz/Kruzifix steht. Die Legende vom „gottesmord" wird durch den Untertitel expliziert: „Wenn ihr ein Kreuz seht, dann denkt an den grauenhaften Mord der Juden auf Golgatha [...]" Damit wird die Konstruktion einer völkisch-deutschen Identität verbildlicht, wobei Juden als „gottesmörder" dämonisiert, aber nicht bildlich dargestellt werden.

Auf dem auf verschiedenen ihrem Anspruch nach pro-palästinensischen Webseiten kursierenden Cartoon aus dem Jahr 2012 wird die Legende vom „gottesmord" aktiviert und auf Israel übertragen. Insofern steht er instruktiv dafür, wie tradierte Feindbilder nach der Shoah mit Bezug auf den jüdischen Staat modifiziert werden. Ein Strommast wird als Kreuz dargestellt, an dem eine symbolisch für Gaza stehende Palästinenserin getötet wurde. Sie ist gekreuzigt worden, in ihrem Körper befindet sich ein spitzer Gegenstand. Die auf dem Mast sitzenden Raben symbolisieren Tod und Unglück. Als verantwortlich und damit als Mörder werden Juden bzw. Israel mit dem Davidstern ausgewiesen. Dass sich die Dämonisierung auf Israel bezieht, folgt aus der Beschriftung „Elektrizität für Gaza!" und dem dadurch eröffneten Kontext, dass Israel häufig vorgeworfen wird, für Stromknappheit im Gazastreifen verantwortlich zu sein. Für die mangelhafte Stromversorgung Gazas ist dagegen wesentlich die Autonomiebehörde aus den palästinensischen Autonomiegebieten bzw. die Fatah verantwortlich, die seit dem Bürgerkrieg 2007 in Konkurrenz zur in Gaza regierenden islamistischen Hamas steht, die Stromversorgung aus Israel finanziert und damit kontrolliert.

Die Botschaft des Bildes lautet, Israel schneide den Gazastreifen von der Energieversorgung ab und ermorde damit Palästinenser. Diese Ermordung vollzieht sich der Anschuldigung nach als Kreuzigung, sie aktiviert also die Legende vom „gottesmord" und überträgt sie unter veränderten Vorzeichen als „jüdische Mordmethode" auf die Gegenwart. Es handelt sich also um eine Dämonisierung Israels, die der wahnhaften Logik des Antisemitismus und seiner Feindbildkonstruktion folgt.

„Ritualmord"

Mit Ritualmordlegenden wurden Juden ab dem 12. Jahrhundert als Kindermörder dämonisiert. Die Legenden haben sich auf ein imaginiertes Verschwörungsszenario von Juden gegenüber Christen bezogen, bei dem Juden an Pessach Christenkinder entführten und sie ermordeten. Mit manchen Ritualmordlegenden wurde der Kindermord als Kreuzigung und damit als symbolische Reinszenierung des „gottesmords" imaginiert. Dabei wurde häufig ein Konsum von Kinderblut als medizinisch-magische oder religiös-rituelle Praxis – wie das angebliche Backen von Mazzen zu Pessach – unterstellt. Juden wurden auf der Grundlage der Ritualmordlegenden als Gefahr für die Gemeinschaft, „hinterlistige Verschwörer" und „blutrünstige Mörder", kurz als das „absolute Böse", das selbst Kinder nicht verschone, dämonisiert. Auch dieses in den Legenden konstruierte Feindbild sollte die Diskriminierung und Verfolgung von sowie Gewalt gegen Juden legitimieren. Es hat sich über Jahrhunderte hinweg tradiert und wird heute auf Israel übertragen.

9

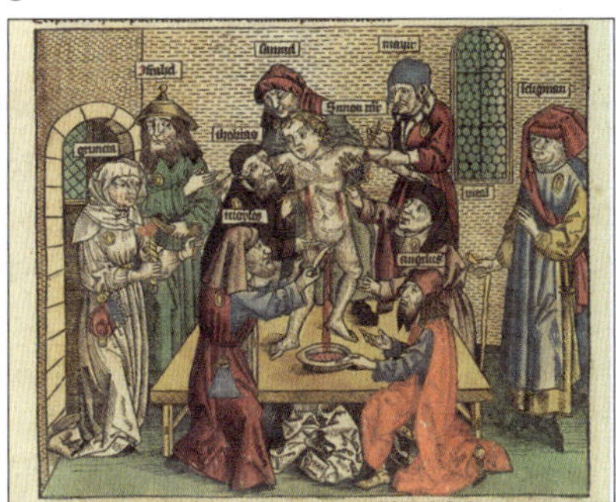

9 1493: Fiktion des Ritualmords an Simon von Trient, Weltchronik Hartmann Schedel

10

Sonder-Nummer
Der Stürmer
...sches Wochenblatt zum Kampfe um die Wahrheit
Herausgeber: Julius Streicher
Ritualmord
Die Juden sind unser Unglück!

11

12

10 1939: „Ritualmord", Titelseite des „Stürmers", Deutschland (United States Holocaust Memorial Museum)
11 2001: Karikatur in der Zeitung Al Ahram, Ägypten
12 2015: Cartoon von Umayya Juha in der Zeitung al-Raya, Katar

Auf der Abbildung aus der Schedelschen Weltchronik aus dem Jahr 1493 (9) wird das Phantasma des Ritualmords an Simon von Trient darzustellen beansprucht. Diese Ritualmordlegende bezog sich auf den Tod des dreijährigen Simons aus Trient im Jahr 1475. Sein Tod wurde im antisemitischen Phantasma als „jüdische Aggression gegen Christen" und „Ritualmord" gedeutet, das Kind sei u.a. beschnitten und durch Folter gemeinschaftlich ermordet worden. Die Ritualmordlegende führte zur Folter und Ermordung von Juden, die unschuldig waren und willkürlich mit der Ritualmordlegende als „Kindermörder" schuldig gesprochen wurden. Die Imagination, sein Blut sei dabei für rituelle und magische Zwecke gesammelt worden, wird auf dem Bild dargestellt. Der Ritualmord wird dabei als Gemeinschaftswerk von neun Juden dargestellt, die durch ihre Namen, Kleidung und stereotypen Körper und Gesichter als Juden markiert werden. Dass die antisemitische Legende als „Wissen" kodifiziert wurde, d.h. ihr Gehalt als wahr galt, belegen die Tatsachen, dass Simon als vermeintliches „Ritualmordopfer" von der katholischen Kirche bis ins 20. Jahrhundert als Märtyrer anerkannt wurde und dass die Ritualmordlegende in einer Weltchronik als Ereignis überliefert wurde.

Dies verhielt sich auch mit dem Phantasma des Ritualmords an sechs Jungen in Regensburg aus dem Jahr 1476 so, der auf einer Abbildung in der Bavaria Sancta 1627 bildlich darzustellen beansprucht wurde. Diese Abbildung wurde im Jahr 1939 auf der Titelseite der nationalsozialistischen Zeitung „Der Stürmer" abgedruckt (10). Daran wird zweierlei salient. Zum einen, dass die Ritualmordlegenden auch im Nationalsozialismus zur Dämonisierung von Juden genutzt wurden, ja als Beleg der auf jeder Titelseite der Zeitung formulierten Losung „Die Juden sind unser Unglück" gelten sollten. Zum anderen, dass der Antisemitismus einer langen Tradition und einem kulturellen Wissen folgt, sodass jahrhundertealte Legenden zur Dämonisierung von Juden mit einem einzigen Bild aktiviert werden können.

Auch heutzutage werden die Ritualmordlegenden reaktiviert, in der Regel in modifizierter Form mit Bezugnahmen auf Israel. Der jüdische Staat, die ihn tatsächlich repräsentierenden Politiker oder scheinbar kollektiv repräsentierenden Juden werden im Muster der tradierten Ritualmordlegenden als „Kindermörder" dämonisiert. Allein die auf Demonstrationen oder auch in der Schule verbreitete Parole „Kindermörder Israel" belegt das. Auf der Abbildung in einer ägyptischen Zeitung aus dem Jahr 2001 (11) wird das Phantasma eines Kindermords durch „blutrünstige israelische Soldaten" bzw. durch Juden illustriert. Zwei israelische Soldaten, durch einen Davidstern auf dem Helm als solche zu erkennen, ermorden auf dem Bild palästinensische Kinder in einer Walze. Das Blut der Kinder wird von zwei danebenstehenden Juden, durch Kippa und Davidstern als solche gekennzeichnet, getrunken. Diese prosten sich vergnügt „auf den Frieden" zu. Alle Juden sind stereotyp markiert, vor allem mit einer Hakennase. Die Botschaft lautet also den mittelalterlichen Ritualmordlegenden gleich, Juden würden Kinder ermorden und ihr Blut konsumieren.

In der katarischen Zeitung wird das Motiv des Kindermords (12) bemüht, um einen islamischen Herrschaftsanspruch auf Jerusalem herzuleiten. Das Kind steht symbolisch für Jerusalem, auf seinem Shirt steht Jerusalem geschrieben. Die Schlange symbolisiert eine scheinbare, durch einen Davidstern markiert, „jüdische oder israelische Aggression". Die als „jüdisch-israelisch" dargestellte Schlange hält das Kind, das Muslime um Hilfe bittet, im Würgegriff. Im übertragenden Sinn wird dieses Angriffsszenario auf die jüdische Präsenz in der israelischen Hauptstadt Jerusalem bezogen. Juden und der jüdische Staat werden also dämonisiert und delegitimiert, zudem als „kindermordende Schlange" entmenschlicht.

„Gift"

Im Mittelalter wurden Legenden tradiert, die die Pest als durch eine „Verschwörung der Juden" verursacht imaginiert haben, konkret durch „Brunnenvergiftungen zur Vernichtung der Christen". In diesem Zusammenhang hat sich das die Gewalt gegen Juden als Notwehr rationalisierende Feindbild des „heimtückischen Giftmörders" im Antisemitismus tradiert. Dieses Feindbild wurde auch im Hinblick auf den in Verschwörungsmythen und Allmachtzuschreibungen konstruierten manipulierenden Einfluss von Juden auf die Gemeinschaft abstrahiert. Der als „jüdisch" imaginierte Einfluss galt dann im übertragenden Sinn als Gift. Dieses Moment konkretisiert sich im Zusammenhang mit Impfungen, die schon im Nationalsozialismus als von Juden herbeigeführte „Vergiftung des Volkskörpers" galten. Dieses Wahnbild tritt während der Covid-19-Pandemie 2020 offen zutage, in Mythen wird eine Impfung als Manipulation durch eine „jüdisch Herrschaftselite" imaginiert.[1]

13

14

13 1938: „Der Giftpilz", Kinderbuch, Deutschland
14 2013: Karikatur, erschienen in der Stuttgarter Zeitung, Deutschland

Das Titelbild des Kinderbuchs „Der Giftpilz" aus dem nationalsozialistischen Deutschland im Jahr 1938 zeigt fünf als „Giftpilze" entmenschlichte Juden. Dabei ist ihr Gesicht auf Grundlage antisemitischer Stereotype gezeichnet. Auf dem Stiel des größten und am besten erkennbaren in der Mitte platzierten „Giftpilzes" ist ein Davidstern angebracht. Mit dieser Entmenschlichung und den antisemitischen Stereotypen wird das Programm des Buchs angedeutet, mit dem Juden als „Giftpilze" unter den Menschen dämonisiert werden. Dem Publikum soll damit aufgezeigt werden, anhand welcher vermeintlichen Merkmale, d. h. auf der Basis körperlicher ebenso wie charakterlicher und religiöser Zuschreibungen und Dämonisierungen, sie zu erkennen seien. Auf der Grundlage dieses Wahrnehmungsmusters von Juden als bedrohliche „Giftpilze" erschienen sie nicht mehr als Menschen. Die Vernichtungsphantasie ist dem Feindbild immanent.

Das Feindbild von Juden als „Gift" oder „Giftmörder" wird nach der Shoah auf den jüdischen Staat übertragen. Damit wird die ihm zugewiesene Stellung als Paria unter den Staaten metaphorisch bestätigt. Auf der Karikatur aus der Stuttgarter Zeitung aus dem Jahr 2013 wird der ehemalige israelische Ministerpräsident Benjamin Netanjahu dabei abgebildet, wie er, seiner Handlung nach diesem antisemitischen Judenbild gleich, eine Friedenstaube vergiftet. Dabei singt er ein Lied von dem Juden und Shoahüberlebenden Georg Kreisler, in dem dieser satirisch das titelgebende Taubenvergiften im Park zum Thema macht. Diese kulturelle Referenz klammert den antisemitischen Gehalt der Karikatur nicht ein. Der antisemitische Gehalt ergibt sich in deutlich historischer Kontinuität aus dem Motiv des „heimtückischen Giftmords" und aus der Botschaft, Juden bzw. Israel seien eine Gefährdung für den Frieden. Mit dem Bild wird dies auf den Nahostkonflikt (Friedenstaube) und das Handeln Israels unter dem Ministerpräsidenten Netanjahu (Siedlungsbau – Beschriftung auf der Giftflasche) übertragen. Der Siedlungsbau in Judäa und Samaria gilt als „Vergiftung" des Friedens im Nahen Osten. Damit wird Israels Anspruch auf das Land als illegitim und als Ausdruck eines aggressiven Expansionsstrebens dargestellt. Dergestalt wird Israel mit der Giftmetapher in antisemitischer Tradition als Friedenshindernis dargestellt. Der Terror palästinensischer Akteure im Nahostkonflikt und die lange Geschichte der Vernichtungsversuche und Kriege gegen Israel durch arabische Staaten hingegen werden ausgespart, lediglich der durch Netanjahu repräsentierte jüdische Staat gerät als „Aggressor" in den Blick.

„Kriegsschuld" und „Aggressivität"

Das vorige Motiv (14) schließt an die im Antisemitismus etablierte Dämonisierung von Juden als Verantwortliche für Krieg an. Im antisemitischen Wahn lässt sich jeder Krieg als Ausdruck einer „jüdischen Verschwörung" und „Aggression" gegen eine Gemeinschaft oder einen Staat deuten. Damit wird zum einen die imaginierte Allmachtposition der Juden, zum anderen die Opferposition der eigenen Gemeinschaft aufrechterhalten. Dieses wahnhafte projektive Moment kennt keine Grenzen. Es lassen sich beliebige Verschwörungsmythen konstruieren, die Juden als im Hintergrund „die Strippen ziehenden Verschwörer" an die Position des „allmächtigen Kriegstreibers" oder „Herrschers" setzen und sie dergestalt indirekt oder direkt als Aggressoren für Kriegshandlungen oder Terror verantwortlich machen. Darin offenbart sich die für den Antisemitismus charakteristische Projektion, da darin selbst eine Aggression gegenüber Juden zum Ausdruck kommt und dieses Wahnbild selbst dann aufrechterhalten wird, wenn Juden angegriffen werden oder selbst ein Krieg geführt wird.

Dieses Feindbild prägt seit Bestehen des jüdischen Staats seine Wahrnehmung und Bewertung, d. h., das Feindbild wird auf Israel übertragen. In der Folge erscheint der Nahostkonflikt als von Israel verursacht. Die militärische Gewalt Israels gilt auch dann als Ausdruck einer Aggression, wenn sie der Verteidigung vor Terror oder der Vernichtung des jüdischen Staats dient. Dabei geht die Dämonisierung Israels als „Kriegstreiber" und „Aggressor" weit über den Nahostkonflikt hinaus, sie wird mitunter auch in Bezug auf andere Kriege oder Konflikte hergeleitet.

15

16

17

15 1944: Plakat der NSDAP, Deutschland (Landesarchiv Baden-Württemberg, Abt. Staatsarchiv Freiburg, W 113 Nr. 0038)
16 2014: Karikatur, Sydney Morning Herald, Australien
17 2018: Karikatur, Dieter Hanitzsch, Süddeutsche Zeitung, Deutschland

Auf dem Plakat der NSDAP aus dem Jahr 1944 (15) wird ein Jude per Fingerzeig als „Kriegsschuldiger" ausgewiesen. Dabei steht „der Jude" stellvertretend für alle Juden und die imaginierte Urheberschaft am Krieg („Der […] ist schuld am Kriege"). Der Jude ist mit einer „jüdischen Physiognomie" hässlich, gebückt und kreatürlich gezeichnet. Seine „feiste" Statur und bürgerliche Kleidung weist ihn als „Bonzen" aus und setzt ihn somit an eine imaginierte Machtposition. Mit diesem Bild wird er als „heimlicher Herrscher" und „Aggressor" als „Ursache allen Übels" dämonisiert. Gleichzeitig wird er mit einem „Judenstern" gekennzeichnet und damit als Objekt des nationalsozialistischen Vernichtungsantisemitismus identifiziert. Daran wird deutlich, wie sich antisemitische Phantasmen zur Realität verhalten: Während das nationalsozialistische Deutschland einen Angriffskrieg führte, die Vernichtung der Juden anstrebte und sechs Millionen Juden ermordete, wurden das Phantasma „jüdischer Allmacht" und „Aggression" sowie die Wahrnehmung als „Opfer der Juden" aufrechterhalten.

Die Karikatur aus einer australischen Zeitung aus dem Jahr 2014 (16) exemplifiziert, wie das Feindbild auf Israel übertragen wird. Ein mittels antisemitischer Stereotype (vor allem einer Hakennase), der Kippa und des Davidsterns am Sessel als Jude ausgewiesener alter Mann blickt auf Gaza und bringt, kontrolliert durch einen Zünder in seiner Hand, als Wohnhäuser zu deutende Gebäude zur Detonation. Die Botschaft, Israel führe willkürlich Krieg und sei ein militärischer Aggressor, erschließt sich wesentlich über den Kontext. Die Karikatur bezieht sich auf die „Operation starker Fels" Israels gegen die islamistische Hamas im Erscheinungsjahr des Bildes. Die Hamas und weitere palästinensische Terrororganisationen hatten Israel zuvor mit Raketen angegriffen, Israel hat sich mit dieser Militäraktion verteidigt. Dieses Konfliktgeschehen wird ausgeblendet, das Verhältnis von Ursache und Wirkung verdreht und in der antisemitischen Dämonisierung aufgehoben.

Die Karikatur aus der Süddeutschen Zeitung aus dem Jahr 2018 belegt, wie sich das antisemitische Feindbild Israels als Aggressors auch in anderen Sinnbezügen veralltäglicht hat. Der Kontext der Karikatur ergibt sich aus der ursprünglich geplanten Ausrichtung des European Song Contests 2019 in der Hauptstadt Jerusalem. Das Ausrichtungsrecht Israels resultierte aus dem Vorjahressieg der israelischen Sängerin Netta. Der ehemalige Ministerpräsident Netanjahu wird als Netta beim Auftritt dargestellt – oder Netta als Netanjahu. Das legt eine Dimension antisemitischer Geschlechterstereotype offen, denen nach Juden effeminiert werden und Jüdinnen als maskulin gelten. Das Gesicht ist stereotyp verzerrt, die Darstellung von Netanjahu als Netta bzw. andersherum kann als Symbolisierung der imaginierten Verschmelzung von Politik und Kultur gedeutet werden.

Ein Davidstern dient als „V" im Schriftzug „Eurovision" im Hintergrund auf der Bühne, ein weiterer befindet sich auf einer Rakete, die der auch über die Nase, die Ohren und die Gesichtszüge stereotypisierte Jude in einer Hand haltend hochstreckt. In der anderen Hand befindet sich ein Mikrofon, im Rampenlicht verkündet Netanjahu/Netta: „Nächstes Jahr in Jerusalem". Das ist eine unter Juden in der Diaspora gebräuchliche Formel, um sich der Bedeutung Jerusalems für sie selbst und für das Judentum zu versichern. Hier baut sie in Kombination mit der durch den Davidstern gekennzeichneten Rakete ein Bedrohungsszenario „israelischer Aggression" auf. Die Botschaft lautet, bei einem bzw. mit der Ausrichtung eines Musikwettbewerbs präsentiert sich Israel als „Aggressor". Daran wird deutlich, dass das Feindbild vom „Aggressor" die Wahrnehmung des jüdischen Staats auch dann prägt, wenn es um die Ausrichtung eines Kulturevents geht.

„Geld"

Die in verschiedenen Feindbildern angelegte Identifizierung von Juden mit Geld zeigt sich bereits im Neuen Testament (den Evangelien nach verriet Judas Iskariot Jesus für Geld) und hat sich im Mittelalter und in der Moderne als Konstruktionsmodus des „jüdischen Wesenskerns" in Verschwörungsmythen entwickelt. Im Mittelalter walteten die Feindbilder vom „Wucherer", „Händler" oder „Banker", in der Moderne sind die Feindbilder vom „Geldjuden" in die auf der Personifizierung abstrakter gesellschaftlicher Herrschaftsverhältnisse beruhende Identifizierung von Juden mit dem Bankenwesen, der Finanzsphäre oder dem Kapitalismus ausgebaut worden. Diese Feindbilder haben sich tief ins kulturelle Bewusstsein eingegraben, etwa mit der Figur des Shylocks aus dem Theaterstück „Der Kaufmann von Venedig" von William Shakespeare[2] oder Verschwörungsmythen über die Rothschilds[3].

Zur Erklärung der Genese dieser Identifizierung von Juden mit Geld wird landläufig auf die Restriktionen im Mittelalter verwiesen, die Juden eine Mitgliedschaft in Zünften und Christen nach kirchlichem Recht den Geldverleih untersagten. Jedoch entsteht dadurch häufig ein falscher, das Feindbild vermeintlich empirisch als gültig verifizierender und damit reproduzierender Ansatz, eine Scheinkausalität zu behaupten, der darauf beruht, die Juden im Mittelalter tatsächlich mit Geld zu identifizieren. Darauf, dass dieser Ansatz historischen Tatsachen widerspricht, da Christen sich nicht immer am Kirchenrecht orientierten, das Zinsverbot auch seitens der Kirche bald keinen Bestand mehr hatte und nur wenige Juden im Geldverleih tätig waren, weist u.a. der Historiker Wolfgang Geiger hin (vgl. Geiger 2008).

Die aus der Identifizierung von Juden mit Geld abgeleiteten Feindbilder („Wucherer", „Betrüger", „Kapitalist" etc.) knüpfen an die im Antisemitismus entworfene Ordnung zwischen den als „allmächtig" und „herrschend" konstruierten Juden und der als ihnen „ohnmächtig" gegenüberstehend und von ihnen „beherrscht" imaginierten Gemeinschaft an. Mit diesem Ordnungsentwurf also wird ein ökonomisches Verhältnis im antisemitischen Judenbild personifiziert.

Auf dem Holzschnitt aus dem 16. Jahrhundert (18) soll die „Schlackheit"[4] der Juden dargestellt werden. Der Mann ist stereotyp mit einer Hakennase gezeichnet worden, ein Gelber Ring markiert ihn eindeutig als Juden. In der einen Hand hält er ein über die imitierten hebräischen Schriftzeichen symbolisiertes religiöses Buch, den Talmud, in der anderen Hand einen Geldsack (vgl. Lotter 1995, S. 61). Die Profanierung und Verächtlichmachung des Judentums gründen darin, seinen vermeintlichen Bezug mit dem Geld auszuweisen. Nur vordergründig, so bedeutet das Bild, gehe es Juden um G'tt oder die Regeln religiöser Praxis. Das Interesse von Juden sei vielmehr weltlicher Natur und liege im Geld. Juden und Judentum werden also mit Geld identifiziert, das Feindbild des „Wucherers" wird im Zusammenhang mit einer vorgeblichen Täuschung über den Charakter des Judentums aktiviert.

18

19

20

18 16. Jahrhundert: Holzschnitt
19 ca. 1840: Karikatur von A. Park, Großbritannien (United States Holocaust Memorial Museum Collection, Gift of the Katz Family)
20 2019: Karikatur von Vasco Gargalo, Sabado, Portugal

Auch mit der Karikatur aus dem Jahr 1840 (19), auf der sich ein mit antisemitischen Stereotypen (große Nase, gekrümmter Körper, dichte Augenbraue) verächtlich gemachter Jude in bürgerlicher Kleidung mit einem Geldsack „davonstiehlt", werden Juden mit Geld identifiziert. Aus der Profilansicht wird eine Schläfenlocke sichtbar, hinter der sich eine Feder befindet. In den Taschen seines blauen Anzugs sind Papierrollen eingesteckt. Die Untertitelung weist die Figur als Mann des Gesetzes und als Anwalt aus, dem diebisches Wirken unterstellt wird. Mit dem Verweis darauf, dass es gesagt und gesungen gehört wurde, wird ein Allgemeinplatz eröffnet, dass ein solcher Gauner gehängt werden müsse.[5]

21

22

23

21 1938: „Der Giftpilz", Kinderbuch, Deutschland
22 2016: Facebook-Post Juso, Schweiz
23 ca. 2004: Meme: „Happy Merchant"

Anhand der Karikatur aus dem Jahr 2019 (20) wird deutlich, dass sich das Feindbild auch heute hartnäckig hält und mit einem Israelbezug modifiziert. Der ehemalige israelische Ministerpräsident Netanjahu wird nicht nur mit antisemitischen Stereotypen (große Nase, abstehende Ohren, sinisteres Gesicht), sondern der Bildsprache des Antisemitismus entsprechend als in einem Davidstern befindlicher Kraken entmenschlicht. Arme und Beine werden gedoppelt und als Tentakel dargestellt, wobei die gedoppelten Elemente aus den äußeren Dreiecken des Davidsterns ragen. In den Händen hält er zwei durch Dollar-Noten gekennzeichnete Geldsäcke. Wahrscheinlich wird beansprucht, mit dieser Karikatur Ermittlungen gegen Netanjahu wegen Korruptionsvorwürfen zu thematisieren. Dass die Karikatur jedoch zweifelsfrei von der Wirklichkeit entkoppelt ist und ein antisemitisches Feindbild aktiviert, folgt allein aus der Komposition der Verbindung von Netanjahu mit dem Davidstern. Er wird nicht als Politiker dargestellt, sondern als stereotypisierter Jude und als geldgieriger Kraken, der für das Judentum oder den jüdischen Staat steht. Dieses Feindbild fixiert also eine tradierte „antisemitische Wesenszuschreibung".

Auch im nationalsozialistischen Kinderbuch „Der Giftpilz" (21) wird das „Geldsack-Motiv" verwendet, um Juden zu dämonisieren. Ein mit antisemitischen Stereotypen markierter Jude wird als „Bonze", „Banker" oder „Kapitalist" und auf einem Geldsack sitzend vor der Börse dargestellt. Dieses Szenario soll unbändigen Reichtum und Macht symbolisieren, spiegelbildlich dazu Ausbeutung und Unterdrückung. Damit wird mit dem Verweis auf die Börse die abstrakte Finanzsphäre des Kapitalismus eingeführt, ein Jude soll diese personifizieren. Das Szenario steht für die symbolische Konkretisierung dieses abstrakten Verhältnisses und der imaginierten Ausbeutung der Gemeinschaft durch Juden. Mit ihm soll anschaulich gemacht werden, was als Wahnglaube über die Aneignung von Reichtum über ein „jüdisches Herrschaftswirken" in der Finanzsphäre als Raub an der Gemeinschaft imaginiert wird.

Auch auf der Karikatur (22), die von den Jungsozialisten in der Schweiz auf Facebook veröffentlicht wurde, gelten Juden als Personifizierung des „Finanzkapitalismus". Auf dem Bild füttert ein Politiker (Johann Schneider-Ammann) die „Finanzlobby" und enthält damit einem ebenfalls am Tisch sitzenden Kind die Nahrung vor (vgl. Ramezani 2016). Die „Finanzlobby", das folgt aus der Anrede, wird von einem Juden mit Hakennase, spitzen Zähnen, Schläfenlocken und traditioneller Kleidung personifiziert. Die Botschaft lautet, die „gierigen Juden" kontrollieren die oder sind die „Finanzlobby". Ihnen seien die Politiker hörig, sie bereicherten sich auf Kosten von Kindern. Damit wird die Dämonisierung von Juden als Übel, das auch Politiker korrumpiert, durch ein anrührend moralisierendes Szenario hergleitet, in dem Kinder unter ihnen litten. Der Kontext dieser Karikatur ergibt sich aus der u.a. von den Sozialdemokraten unterstützten Initiative „Spekulationsstopp" in der Schweiz aus dem Jahr 2016, die Spekulationen mit Nahrungsmitteln verbieten sollte, aber vom Bundesrat abgelehnt wurde.

Das Meme[6] „The Happy Merchant" (23) ist unter Rechtextremen und Neonazi populär, es findet in vielen Variationen eine weite Verbreitung im Internet. Der mit Kippa und antisemitischen Stereotypen (Hakennase, flache Stirn, krause Haare) markierte Jude schaut böse und bedrohlich, während er sich die Hände reibt. Es steht mit der Assoziation vom „Händler" oder „Kaufmann" für uralte Mythen und Feindbilder und gleichsam selbsterklärend für das durch das Bild dämonisierte „jüdische Wesen" und „Verschwörungswirken".

„Herrschaft in der Politik"

Die antisemitischen Allmachtzuschreibungen beziehen sich auch wesentlich auf die Politik und ein imaginiertes durch Manipulation einer unsichtbaren „jüdischen Elite" oktroyiertes Herrschaftsverhältnis. Die Politik wird als von Juden beherrscht wahrgenommen, also als Ausdruck einer Verschwörung oder des unsichtbaren Strippenziehens gedeutet. Dabei reichen die Ausgestaltungen der Fiktion von der „jüdischen Herrschaftselite" vom „Weltjudentum", über die „internationale Finanzlobby", die „Rothschilds" oder „Soros" als Code für eine „unsichtbar verschwörerisch wirkende Herrschaftsformation" bis hin zum Zionismus oder dem imaginierten Machtwirkens Israels.

24

25

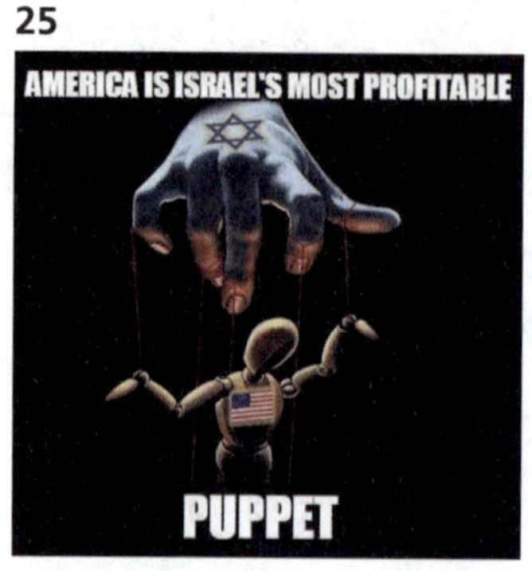

26

24 1941: Ausstellungsplakat der Anti-Freimaurer-Ausstellung, Serbien
25 2015: Twitter-Meme
26 2017: Zeitung Al-Ahram Ägypten

Mit dem Ausstellungsplakat der Anti-Freimaurer-Ausstellung (24), die zwischen 1941 und 1942 im vom nationalsozialistischen Deutschland kontrollierten Serbien stattfand, wird das Szenario einer „jüdisch-freimaurerischen Weltverschwörung" imaginiert. Ein entsprechend der im Antisemitismus konstruierten „jüdischen Physiognomie" als Jude markierter Mann (Hakennase, abstehende Ohren, niedrige Stirn) wird als Freimaurer dargestellt, also als Mitglied des als Geheimbund wahrgenommenen, in Logen gegliederten ethisch-humanistischen Bunds, ausgewiesen. Dieser hält Stalin und Churchill als Machthaber der Sowjetunion bzw. Großbritanniens in Form von Marionetten mit Fäden in den Händen. Die Botschaft lautet, die „jüdisch-freimaurerische Weltverschwörung" ziehe die Strippen der Weltpolitik, sie sei also die hinter den politischen Gegnern bzw. hinter ganzen Staaten stehende Herrschaftselite. Sowohl auf dem Orden als auch auf dem Vorhang im Hintergrund befinden sich jüdische (Davidstern, religiöse Schrift) und freimaurerische (Zirkel und Winkel) Symbole. Der Totenkopf über „den Juden" symbolisiert den Charakter des Phantasmas der „jüdischen Weltverschwörung" als „böse" und „totbringend". Das imaginierte Verschwörungsszenario einer vermeintlichen jüdischen Herrschaftselite wird nach der Shoah häufig auf als Israel als Urheber übertragen. Dass die USA häufig als „jüdisch-israelisch" beherrscht gelten, exemplifiziert das auf Twitter verbreitete Bild (25), auf dem eine Hand (durch den Davidstern als Symbol für Israel ausgewiesen) eine Puppe (durch die Nationalflagge als die USA bestimmt) über Fäden steuert – das Motiv der Marionette. Die USA werden als Israels profitabelste Puppe bezeichnet, wodurch nicht nur das hinlänglich bekannte, weitverbreitete Verschwörungsszenario der Manipulation der US-amerikanischen Politik durch Israel bemüht wird, sondern ebenfalls ausgesagt wird, Israel beherrsche auch andere Nationalstaaten, da es, der Logik des Superlativs nach, weitere „profitable Puppen" geben muss.

Auf der Karikatur aus dem Jahr 2017 (25), die in der ägyptischen Zeitung Al-Ahram erschien, wird die Ankündigung des damaligen US-Präsidenten Donald Trump, Jerusalem als Hauptstadt Israels anzuerkennen und die US-Botschaft dort hin zu verlegen, als Folge eines imaginierten Herrschaftswirkens Israels dargestellt und in das Phantasma des Verschwörungsszenarios einer Strippen ziehenden jüdischen Herrschaftselite eingebettet. Israel wird durch den damaligen Ministerpräsiden den Benjamin Netanjahu personifiziert, der den im Vergleich als Miniatur erscheinenden Donald Trump zu seiner Linken als Verkörperung der USA – über den Hut der Uncle Sam-Figur angeglichen – mit einem Zepter mit Davidstern steuerte. Donald Trump reckt das Zepter mit seinem linken Arm in die Höhe, darüber greift es Netanjahu und kontrolliert es entsprechend. Mit dem rechten Arm hält Trump ein Schild mit der Aufschrift „Jerusalem" (arabisch) in die Höhe. Die Anerkennung Jerusalems als Hauptstadt Israels, so lautet die Botschaft der Karikatur, sei eine Folge des israelischen Einflusses auf die USA, der sich als Herrschaftswirken über den als Marionette gesteuerten US-Präsidenten ausdrücke. Dieses imaginierte Herrschaftswirken wird zur antisemitischen Feindbildkonstruktion darüber hinaus als aggressiv und mörderisch dargestellt. Denn Netanjahu sitzt auf blutüberströmten Leichen von stilisierten Arabern/Palästinensern, drückt eine gar mit seiner rechten Hand auf den Kopf zu Boden. Dergestalt erweitert sich die Botschaft um die über die Personifizierung hergeleitete Dämonisierung des jüdischen Staats als mörderischen Aggressor. Der Anspruch auf Jerusalem als Hauptstadt Israels wird über dessen Anerkennung in ein tradiert antisemitisches Verschwörungsszenario überführt und als aggressives Herrschaftswirken ausgewiesen, das sich einerseits in der Manipulation der US-Politik, andererseits in der Ermordung von Arabern/Palästinensern zeige. Diese werden nicht nur als vermeintliche Opfer stilisiert, ihr Anspruch auf Jerusalem wird in der antisemitischen Feindbildkonstruktion und Bildsprache begründet.

Exkurs: Fotos als Dokumentation des Alltagsantisemitismus

Der Antisemitismus in Bildern findet nicht nur einen Ausdruck als ein von einem Urheber gestaltetes Medium, mit dem das Bild „von den Juden" (z. B. mit einer Karikatur) für ein Publikum entworfen, ein Sinn (z. B. ein Feindbild oder eine Legende) kommuniziert und damit die Wahrnehmung, das Denken und das Handeln der Rezipient/-innen geprägt wird. Davon unterscheiden sich Fotografien, mit denen der Antisemitismus bildlich dokumentiert wird. Solche Fotos sind also nicht selbst antisemitisch. Vielmehr halten sie fest, dass der Antisemitismus als soziale Wirklichkeit in der Welt ist. Dabei lösen sie ihn aus der Situation seiner Manifestation, indem diese als bildliches Dokument auf Dauer gestellt wird. In diesem Zusammenhang können Fotos dem Zweck dienen, antisemitische Judenbilder in ihrer kulturellen und alltagsweltlichen Inszenierung sichtbar und behandelbar zu machen.

Die Fotos vom Karneval in der belgischen Stadt Aalst aus dem Jahr 2020 zeigen eine solche kulturelle Inszenierung antisemitischer Judenbilder. Im Vorjahr wurde der zu dieser Zeit noch als UNESCO-Weltkulturerbe geführte Karneval kritisiert, da ein Wagen bei dem Karnevalsumzug ein antisemitisches Motiv zeigte – auf Geld stehende Figuren religiöser Juden mit Hakennasen, die einen Tresor beschützen und als Symbol für Geiz standen (vgl. Thaidigsmann 2020). Auf die Kritik reagierten die Organisatoren, indem sie den Status als Weltkulturerbe aufgaben und in Ankündigung des Karnevals 2020 antisemitische Karikaturen veröffentlichten. Beim Karneval 2020 wurden Juden mit verschiedenen Kostümierungen, Wagen und Plakaten verächtlich gemacht, entmenschlicht und dämonisiert – alles vor dem Hintergrund, es sei ein Spaß, den man sich nicht „verbieten" lasse. Auf dem Foto 27a ist ein als „religiöser Jude" in traditioneller Kleidung kostümierter Mann mit geschminktem Clownsgesicht zu sehen. Er trägt einen Aufkleber mit dem nationalsozialistischen „Judenstern" am Ärmel und verhöhnt damit die Verfolgung und Vernichtung der europäischen Juden durch die Nationalsozialisten, die Opfer der Shoah und ihre Nachkommen. Er führt eine kleine Fotowand mit sich, die die Kontur eines religiösen Juden mit Hut (Aufschrift: Karneval Aalst), Schläfenlocken und Bart zeigt, wobei das Gesicht ausgeschnitten ist. Jede/-r, die/der ihren/seinen Kopf in die Lücke hält, erscheint als religiöser Jude, hier eine junge Frau mit Clownsnase. Die Imitation von Juden zu ihrer Verächtlichmachung als obszöne Kreaturen, die dem antisemitischen Judenbild entsprechen, geht auch in die Entmenschlichung von Juden als Insekten über (27b). Die mit Schtreimel und einer Art Gebetsmantel als „orthodoxe Juden" verkleideten Männer haben einen Insektenkörper. Sie stehen vor der „Klagemauer", die hier als Symbol dafür genutzt wird, Juden als zu empfindlich und ihre Kritik am Antisemitismus zu verlachen. Die Klagemauer (Hebräisch: Kotel, Mauer) gehörte vor dessen Zerstörung zum Jerusalemer Tempel und ist die heiligste Stätte der Juden. Sie steht für den Bund mit G'tt und ist ein bedeutender Ort für das Gebet. In den Spalten der Mauer werden Gebetszettel abgelegt. Eine Praxis, die mit den auf der Mauer angebrachten Zetteln verhöhnt wird.

27a

27b

27a 2020: Karneval Aalst, Belgien (Belga/AFP, Nicolas Maeterlinck)
27b 2020: Karneval Aalst, Belgien (Belga/AFP, James Arthur Gekiere)

28 2020: Żyd na szczęście, Holzfigur, Polen

Ein weiteres Beispiel dafür, wie sich der Antisemitismus in der Kultur fotografisch dokumentieren lässt, stellen die seit dem Ende des 20. Jahrhundert in Polen verbreiteten Figuren und Bilder von Juden mit einer Münze dar (vgl. Lehrer 2014). Als sogenannte „Glücksjuden" gelten sie als Talisman, der Glück und Reichtum bescheren soll. Die „Glücksjuden" haben einen solchen Sinn, da sie für den Glauben an das antisemitische Stereotyp von „Juden und Geldnähe" stehen. Die Figur auf dem Foto 28 wird auf einem Online-Portal zum Verkauf angeboten. Der „Glücksjude" ist religiös eingekleidet und hat ein stereotypes Gesicht. In seinen Händen hält er eine Schatulle voller Münzen.

Das antisemitische Leitmotiv der Entmenschlichung zeigt sich am Foto des „Judensau"-Reliefs aus dem 15. Jahrhundert an der Stadtkirche in Wittenberg (29). Darauf zu sehen sind „Juden", die von einer Sau gesäugt werden. Die Schmähung von Juden als an der Sau hängende, obszöne Kreaturen geht mit der Schmähung des Judentums einher. Die kommt mit der Aufschrift „Schem Hamphoras", die hebräische Bezeichnung

29 2017: Judensau" (ca. 1440), Stadtkirche Wittenberg

für den aus Respekt und Ehrfurcht nicht mit dem Namen zu nennenden G'tt zum Ausdruck. Die Verwendung ist eine Schmähung, das auserwählte Volk wird verhöhnt. Martin Luther, der in der Stadtkirche predigte, verfasste später ein Buch mit dem Titel „Vom Schem Hamphoras", in dem er Juden als Teufel dämonisierte. Im Judentum gilt das Schwein als unrein, der Konsum von Schweinefleisch ist verboten. Vor diesem Hintergrund erhält die Schmähung von Juden als „Schweine" einen spezifisch antisemitischen Sinn. Mit der „Judensau" ist sie als bildliches Motiv an Kirchengebäuden im 13. Jahrhundert entstanden, später wurde sie in Karikaturen genutzt und noch heute findet sie sich im antisemitischen Schimpfwortgebrauch.

„Allmachtzuschreibungen und Zoomorphismus"

Die Allmachtattribuierungen, die darin eingelagerten Verschwörungs- und Angriffsszenarien, werden häufig dergestalt übersteigert, dass Juden oder Israel die Weltherrschaft zugeschrieben wird und sie in Gestalt des absoluten Bösen dämonisiert werden. Das drückt sich auch in der visuellen Darstellung als „Monster" oder „Teufel" aus. Auch der antisemitische Zoomorphismus, d. h. die visuelle Darstellung von Juden als Tieren zur Entmenschlichung, folgt diesem Muster.

30

Nicht wegwerfen! Weitergeben!

Im Banne des Welt-Polypen!

31

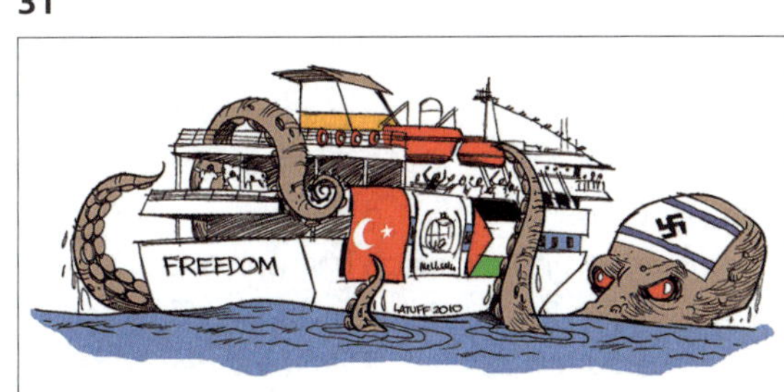

30 1925: „Im Banne des Welt-Polypen" Flugblatt der Deutschen Erneuerungs-Gemeinschaft, Deutschland (Deutsches Historisches Museum)
31 2010: Karikatur „Ship to Gaza", Carlos Latuff

Auf dem Flugblatt aus der Weimarer Republik (30) werden Juden als Kraken dargestellt, der eine hilflose nackte, blonde Frau in seinen Tentakeln hält und ihr Gewalt antut. Der Kraken hat einen menschlichen Kopf, dessen entlang antisemitischer Stereotype markiertes Gesicht auf das am Boden liegende Opfer gerichtet ist. Damit steht er symbolisch für Juden, die Frau als Personifikation für Deutschland (Germania). Der Angriff des Kraken auf die Frau steht damit sowohl symbolisch für das imaginierte Machtstreben und die Aggression der entmenschlichten Juden als auch spiegelbildlich für die daraus folgend imaginierte Bedrohung Deutschlands.

Die Karikatur aus dem Jahr 2010 (31) belegt die Übertragung der antisemitisch-zoomorphistischen Dämonisierung als Kraken auf Israel. Der Kraken kommt aus dem Meer, also dem Verborgenen, und ermächtigt sich mit seinen Tentakeln eines Schiffs. Der Kraken ist mit einer israelischen Flagge auf der Stirn markiert, bei der anstelle des Davidsterns ein Hakenkreuz in der Mitte positioniert ist. Die Dämonisierung Israels gründet hier also nicht ausschließlich auf der Darstellung als Kraken mit blutunterlaufenen Augen, der ein Schiff unter türkischer und palästinensischer Flagge und zudem die über den Namen symbolisierte Freiheit angreift. Die Dämonisierung basiert wesentlich auf der durch das Hakenkreuz in der Israelfahne entworfenen Gleichsetzung Israels mit dem Nationalsozialismus. Dies folgt der Täter-Opfer-Umkehr als einem wesentlichen Mechanismus des Antisemitismus nach der Shoah. Israel wird als jüdischer Staat und als der der Shoahüberlebenden dem nationalsozialistischen Deutschland und seinen Verbrechen gleichgesetzt. Die Botschaft lautet, die Opfer der Vergangenheit seien die Täter der Gegenwart. Daraus folgt zum einen die Relativierung des Nationalsozialismus und der Shoah, aber auch die Relativierung der Täterschaft und Entlastung der Täter und ihrer Nachkommen. Zum anderen ergeben sich daraus die Dämonisierung und Delegitimierung Israels.

Der Kontext der Karikatur ergibt sich aus der sogenannten Gaza-Flottille 2010, die es sich unter Leitung einer türkischen und islamistischen Organisation zum Ziel gesetzt hatte, Hilfsgüter nach Gaza zu liefern und dabei unerlaubter Weise die von Israel kontrollierten Küstengewässer zu durchqueren. Israel bot an, die Hilfsgüter in Empfang zu nehmen und nach einer Kontrolle weiterzuleiten. Doch die Flottille durchquerte trotzdem unerlaubt die von Israel kontrollierten Küstengewässer. Nachdem israelisches Militär ein Schiff kontrollierte, wurden Soldaten angegriffen. Dabei wurden mehrere Angreifer getötet. Der Vorfall gilt gemeinhin als Ausdruck israelischer Aggression und Willkür, obwohl die Aggression eindeutig gegen Israel und israelische Soldaten gerichtet war (vgl. Feuerherdt 2010).

Die visuelle Feindbildkonstruktion basiert also wesentlich auf der Darstellung von Juden als Tieren. Ein solcher Zoomorphismus entmenschlicht Juden und sieht ihr „Wesen" durch verschiedene Tiere symbolisiert. Dabei ist dem antisemitischen Zoomorphismus die Allmachtzuschreibung eines Wirkens als „Schädling, Parasit oder Ungeziefer" ebenso immanent wie die Aufforderung zur Vernichtung. Juden wird also dieser Form die Existenzberechtigung abgesprochen. Das wird an der Darstellung von Juden als Spinnen deutlich. Die Spinnen breiten sich unbemerkt aus, spannen kaum sichtbar ihr Netz und fangen damit ihre „Opfer". Dies wird auf das Phantasma eines „jüdischen Expansions- und Machtstrebens" übertragen. Die Spinne gilt als Ungeziefer, das zu töten der Wahrung der Hygiene entspricht. Dementsprechend transportiert die Darstellung von Juden als Spinnen die antisemitische Vernichtungsphantasie.

32

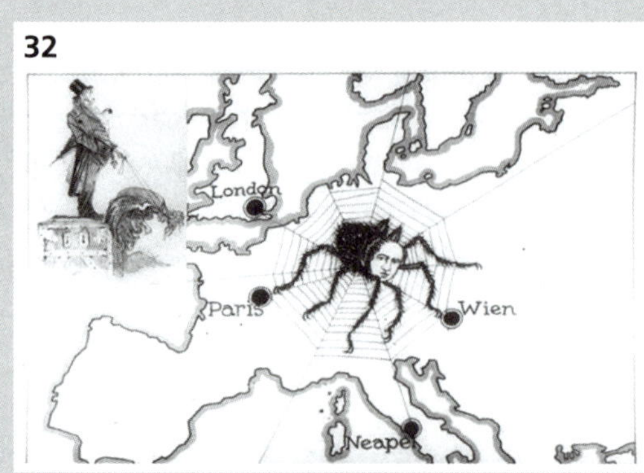

33

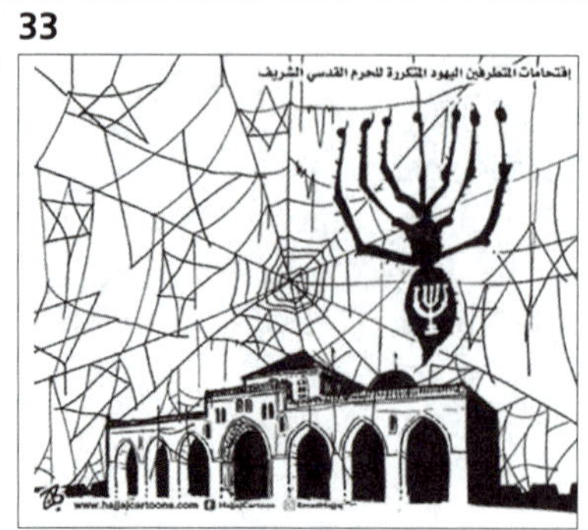

32 1936: „Die jüdische Spinne", Vortragsbild: „Das Judentum, seine blutsgebundene Wesensart in Vergangenheit und Gegenwart", Der Reichsführer SS, der Chef des Rasse- und Siedlungshauptamtes, Deutschland

33 2013: Cartoon, Emad Hajjaj, Jordanien

Auf dem Vortragsbild aus dem Jahr 1936 aus Deutschland (32) ist eine „jüdische Spinne"[7] abgebildet, die einen Kopf und ein Gesicht hat. Das Gesicht trägt die Züge der antisemitischen Physiognomie. Sie spannt ihr Netz über Europa und verbindet damit London, Paris und Wien. Die imaginierte Bedrohungskulisse wird durch die in der linken oberen Ecke eingefügte Karikatur mit dem Titel „Wie Amschel Rotschild die Welt lenkt" aus dem Jahr 1855 unterstrichen.

Der Cartoon von 2013 (33) aus Jordanien zeigt eine „jüdische Spinne", die sich in Jerusalem „ausbreitet". Auf dem Körper der Spinne ist eine Menorah gezeichnet, in ihrem Netz hat sie Davidsterne gespannt. Die Beschriftung expliziert das bildlich dargestellte „jüdische Expansionsstreben" auf als islamisch beanspruchtes Gebiet. Es heißt, das Bild zeige das Eindringen „jüdischer Extremisten" in die Heilige Stadt Jerusalem. Damit werden Juden nicht nur entmenschlicht und als Bedrohung dargestellt. Jerusalem wird als jüdische Stadt und Hauptstadt Israels wie auch implizit der ganze jüdische Staat delegitimiert.

34

35

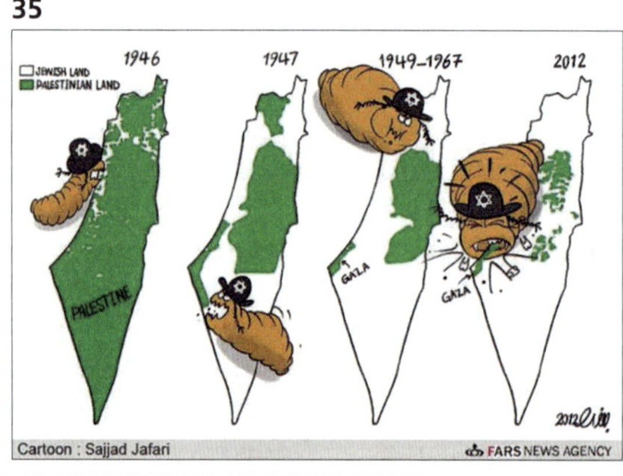

34 1944: „Das Ungeziefer", Karikatur in „Der Stürmer", Deutschland

35 2013: Cartoon, Emad Hajjaj, Jordanien

Die mit dem Zoomorphismus verbundene zwischen Verächtlichmachung und Dämonisierung changierende Entmenschlichung von Juden bedient sich häufig des Motivs von Ratten, aber auch des Motivs von Raupen, um die Feindbildkonstruktion des „parasitären Charakters" und die daraus abgeleitete Schlussfolgerung der Notwendigkeit ihrer Vernichtung zu verbildlichen.

Die Karikatur aus der nationalsozialistischen Zeitung „Der Stürmer" (34) zeigt eine als Monster überdimensioniert dargestellte Raupe, deren antisemitisch-stereotypisierte Nase und Augenpartie sie als Juden ausweist. Sie kriecht bedrohlich über die Welt. Im Hintergrund ist ein Davidstern angeordnet, dessen Inschrift als gefälschtes Zitat, das dem Tanach zugeordnet wird, das „jüdische Expansionsstreben" und den „parasitären Charakter" explizieren soll: „Du sollst die Völker der Erde fressen."

Dieses Motiv der „nimmersatten Raupe" als Bedrohung der „Völker dieser Erde" wird heute auf Israel und auf die Sinnfigur der Bedrohung der Palästinenser gerichtet. Dies wird an der Karikatur von 2012 aus dem Iran (35) deutlich, auf der sich eine mittels schwarzen Huts und Schläfenlocken als Jude bzw. als Symbol für Israel dargestellte Raupe im Zeitraum von 1946 bis 2012 bis zum Erbrechen immer mehr Land einverleibt, das mit der Farbe Grün als palästinensisch von jüdischem Land unterschieden wird. Der imaginierte „Landraub" Israels dient der antisemitischen Dämonisierung und der Ermächtigung zur Gewalt gegen den als Schädling ausgewiesenen „jüdischen Aggressor".

Diese Feindbildkonstruktion leitet sich auch über gefälschte Karten her, andernfalls ließe sich ein „Landraub" gar nicht darstellen. Dass es sich bei den Karten und deshalb auch bei dem „Landraub" um eine Fiktion handelt, belegen diese kurzen Kontextualisierungen (vgl. Bernstein 2021, S. 170). 1946 gab es noch kein Palästina im heutigen Sinn eines arabischen Staats, es gab lediglich das britische Mandatsgebiet Palästina, in dem sowohl Juden als auch Araber als Palästinenser galten. Das Gebiet stand also unter britischer Herrschaft. Die Karte von 1947 bezieht sich auf den UN-Teilungsplan, den die arabischen Staaten ablehnten, während Israel dieser Zweistaatenlösung zustimmte. Die Karte von 1949 bis 1967 zeigt die Lage nach dem arabisch-israelischen Krieg 1948. Nach der Unabhängigkeitserklärung Israels griffen arabischen Staaten Israel an, um den jüdischen Staat zu vernichten. Die Niederlage der arabischen Staaten 1949 ging mit der Besetzung Gazas durch Ägypten und Judäa und Samarias (Westjordanland) durch Jordanien einher. Es gab also kein „palästinensisches Land", wie es die Karikatur darstellt. Die letzte Karte zeigt die Situation nach dem Sechstagekrieg 1967, in dem Israel sich vor drohenden Angriffen schützte und sowohl Gaza als auch Judäa und Samaria (Westjordanland) von Ägypten bzw. Jordanien eroberte. Erst nach dieser Eroberung wurde ein eigener palästinensischer Staat auf den Gebieten beansprucht. Sowohl Gaza (Hamas) als auch die Palästinensischen Autonomiegebiete in Judäa und Samaria/Westjordanland (Fatah) stehen unter palästinensischer Verwaltung. Die Gebiete in Judäa und Samaria/Westjordanland sind umstritten, auf der Karte wird nur ein Teil des unter palästinensischer Verwaltung stehenden Gebiets abgebildet. Außerdem wird suggeriert, Israel wolle den Gaza-Streifen erobern. Auf der Karikatur erbricht die Raupe am gefressenen Land. Es gab wiederholt Friedensabkommen, deren Umsetzung wesentlich an palästinensischem Terror und am Anspruch auf israelisches Land gescheitert sind. Zudem ist darauf hinzuweisen, dass die Gegenüberstellung von „palästinensischem und jüdischem Land" ein Zerrbild entwirft. Ca. 20 % der Israelis sind Araber, sie besitzen in Israel Land. In den Palästinensergebieten hingegen ist es Juden untersagt, Land zu besitzen, in Judäa und Samaria/Westjordanland wird ihre Präsenz international nicht anerkannt.

„Weltherrschaft"

Die Allmachtzuschreibungen gehen in Verschwörungsideologien mit dem diffusen Gegenstand einer „jüdischen Weltherrschaft" über. Die entlang verschiedener auf Macht und Herrschaft abzielenden Feindbilder werden häufig in das Phantasma, Juden oder Israel beherrschten die Welt, überführt.

36 1898: „Rothschild", Karikatur von Charles Lucien Léandre, Frankreich
37 1930: „Protokolle der Weisen von Zion", Buchcover, Spanien
38 2006: Karikatur, „Israel's Crimes Against Palestinians", Carlos Latuff, brasilianischer Karikaturist
39 2007: Karikatur in der Zeitung „Al-Rai", Jordanien

Die Karikatur aus dem Jahr 1898 (36) zeigt „Rothschild", der mit einer Krone und einem der christlichen Ikonologie entlehnten Heiligenschein mit der Aufschrift „gott schütze Israel" im Hintergrund als Weltherrscher dargestellt wird. Der mittels antisemitischer Stereotype und Häuten zwischen den Fingern gezeichnete Mann umschließt die Weltkugel, um den verschwörungsideologisch imaginierten Weltherrschaftsanspruch zu untermauern. Seit dem 19. Jahrhundert steht der Name Rothschild, der sich auf eine jüdische Bankiersfamilie bezieht, synonym für die Fiktion einer „jüdischen Weltherrschaft" und damit für ein weitverbreitetes Feindbild.

1903 erschienen die bis heute in vielen verschiedenen Sprachen veröffentlichten und im Inhalt variierenden „Protokolle der Weisen von Zion". Mit ihnen wird der Mythos einer „jüdischen Weltverschwörung" zu rationalisieren versucht, indem die fiktiven Protokolle einer im Verborgenen wirkenden „jüdischen Verschwörungselite" als authentische Pläne zur Errichtung der „jüdischen Weltherrschaft" ausgewiesen werden. Das Buchcover einer spanischen Ausgabe von 1930 (37) zeigt einen mit der „jüdischen Physiognomie" markierten, Kippa tragenden Juden. Dieser hält die Weltkugel in seinen Händen und presst Blut aus ihr heraus. Alle Elemente, sowohl der Jude und der Davidstern im Hintergrund als auch die Weltkugel sind in Rot gehalten, sodass sie dem Blut gleichend Grausamkeit ebenso wie Bedrohung kommunizieren. In roter Schrift wird die Verschwörungsideologie einer „jüdischen Weltherrschaft" expliziert: „Die unsichtbare Weltregierung. Das jüdische Programm zur Unterjochung der Welt."

Auf dem Cartoon aus dem Jahr 2006 (38) wird deutlich, wie sich der antisemitische Weltverschwörungsmythos in einem Israelbezug darstellt. Der als menschlich gezeichnete Globus hält eine Klageschrift in der Hand, deren Aufschrift „Israel's Crimes against Palestinians" lautet. Die Welt wird jedoch durch einen Israel repräsentierenden Juden (erkennbar durch die Israelfahne auf dem Rücken und der Kippa) daran gehindert, die Klage auszusprechen. Dieser rollt ein Banner mit der Aufschrift „Anti-Semitism", das einem Knebel gleichkommt, über die Welt, um ihren Mund zu verbinden und sie so an der Klage zu hindern. Durch die Gestik der anthropomorph dargestellten Welt unterstrichen lautet die Botschaft: Israel mache die Welt mit dem „Antisemitismusvorwurf" mundtot und unterdrücke Kritik an Verbrechen gegen Palästinenser. Das imaginierte Szenario der Weltherrschaft wird also an das imaginierte Szenario gekoppelt, „Israelkritik" sei nicht weitverbreitet und gar unterdrückt. Dabei wird es auf die Dämonisierung Israels gerichtet, der nach der jüdische Staat Verbrechen an Palästinensern begehe. Dadurch, dass der „Antisemitismusvorwurf" als Herrschafts- und Unterdrückungsinstrument dargestellt wird, werden nicht nur die Palästinenser, sondern die ganze Welt wird als Opfer israelischer Aggression dargestellt.

Ebendies kommt auch in der Karikatur aus der jordanischen Zeitung (39) zum Ausdruck. Ein durch sein stereotypes Äußeres, den Hut mit Davidstern und durch die Schläfenlocken als Jude ausgewiesener Mann hält die Welt in seinem Mund zwischen den Zähnen. Er blickt böse und kann die Welt nach seinem Belieben zerstören. Die antisemitische Dämonisierung basiert auf der Allmachtzuschreibung, Juden bzw. Israel beherrschten die Welt.

---

1 Siehe dazu einen Artikel von Alyassa Weiner auf der Webseite des American Jewish Committee: www.ajc.org/news/global-trends-in-conspiracy-theories-linking-jews-with-coronavirus (zuletzt abgerufen am 29.7.2020).

2 Shylock hat als Gläubiger einem Christen gegenüber auf Zinsen verzichtet, dafür aber Anspruch auf ein Pfund Fleisch aus dessen Körper als Sicherheit angemeldet. Im Nationalsozialismus als Propagandastück inszeniert, wird es im deutschsprachigen Raum mit daran anschließenden antisemitischen Schmähungen von Juden auch nach der Shoah aufgeführt (vgl. Ackermann 2011, S. 65 ff.). Das Shylock-Motiv wird zudem im 2019 erschienen Film „The Gentlemen" aufgegriffen und umgewendet; der Protagonist fordert zur Vergeltung von einem „betrügerischen Juden" ein Stück seines Körperfleischs (vgl. Rosenberg 2020).

3 Die einflussreiche Frankfurter Bankerfamilie war seit dem 19. Jahrhunderten Anfeindungen ausgesetzt, die sie für Juden charakteristisch oder stellvertretend als „betrügerisch-verderbliche Finanzkraft" hinter der Politik und dem Weltgeschehen dämonisierten. Diesem Topos sind mannigfache Verschwörungsmythen entsprungen, die etwa im nationalsozialistischen Propagandafilm „Die Rothschilds" von 1940 einen filmischen Ausdruck fanden, in verschwörungstheoretischen Kreisen noch heutzutage weitverbreitet (vgl. Butter 2020) und etwa auch in der Jugendkultur über den deutschsprachigen Gangster-Rap populär sind (vgl. Baier 2019).

4 Schlackheit ist ein heute nicht mehr gebräuchlicher Begriff, der im Mittelalter etwa Betrug, Tücke oder List bezeichnete.

5 Siehe dazu die Beschreibung des United States Holocaust Memorial Museum collections.ushmm.org/search/catalog/irn538320 (zuletzt geprüft am 23.12.2021).

6 Ein Meme ist ein im Internet kursierendes Bild, das seinen Sinn als onlinespezifisches Kommunikationselement daraus erhält, auf ein als bekannt vorausgesetztes Ereignis, auf eine Person oder Wissen Bezug zu nehmen und all dies dadurch, u.a. auch mit Kommentierungen in schriftlicher Form, in einen eigenen verkürzten, häufig humoristischen, aber auch spöttischen oder verächtlich machenden Zusammenhang zu stellen. Dadurch werden also Ereignisse, Personen, oder Wissen auf einen Aspekt verdichtet und als visuelles Deutungsangebot viraler Kommunikation einverleibt.

7 Siehe zum Spinnenmotiv einen weiteren Vergleich mit Bild 33 von Zachor Legal Institute und StopAntisemitism.org: The New Anti-Semies, S. 14. Online static1.squarespace.com/static/5cc20f51ca525b73bdd50e3a/t/5e5e448bdf3e9809a59a88bb/1583236400890/The+New+Anti-Semites.pdf [letzter Aufruf 23.12.2021].

5.3 Das Verhältnis von Diskriminierung, Dämonisierung und Gewalt

Die Analyse des Antisemitismus in Bildern macht deutlich: Juden werden mit ihren Körpern und Gesichtern als „hässlich", „minderwertig" und „unterlegen" dargestellt und damit von der entlang einer bestimmten Identitätsdimension wie Religion, Nation oder „Rasse" definierten Gemeinschaft, der sich Urheber und Publikum eines Bildes angehörig fühlen (sollen), gegenübergestellt. Diese Diskriminierung folgt einer seit Jahrhunderten tradierten antisemitischen Bildsprache, die sich „typisch jüdischer" Merkmale bedient und damit auf den ersten Blick negative Gefühle mobilisiert. Das antisemitische Judenbild lässt Juden in Abgrenzung zum Idealbild der eigenen Gemeinschaft als abstoßend, lächerlich oder ekelerregend erscheinen. Diese Dimension des Antisemitismus geht mit den antisemitischen Legenden und Feindbildern in die Dämonisierung von Juden das „absolute Böse" über. Dem antisemitischen Weltbild nach geht die aus den Bildern folgenden Diskriminierung von Juden als u.a. „minderwertig" mit der Allmachtattribuierung einher, ohne das Empfinden eines Widerspruchs hervorzurufen.

Einleitend ist bereits beschrieben worden, dass Juden dann als das Gegenbild der Gemeinschaft erscheinen, die als „absolutes Gutes" vom „absoluten Bösen" bedroht werde. Aus dieser Position heraus wird Gewalt gegen Juden legitimiert, sie erscheint als Notwehr gegen das scheinbar „allmächtige Böse". Die Gewalt kennt dabei keine Grenze, da der Antisemitismus das Szenario eines permanenten Kampfs des „Guten" und gegen das „Böse" schafft. Die Gewalt und Gewaltphantasien gegen Juden zielen damit auf die als „Sieg gegen das Böse" geltende Vernichtung der Juden oder Israels ab.

Die eliminatorische Dimension des Antisemitismus wird auch in Bildern kommuniziert. Die Idee, dass die Welt ohne Juden oder Israel ein besserer Ort wäre, wird dabei mit verschiedenen symbolischen Mitteln der entmenschlichenden Darstellung von Juden expliziert oder subtil als Schlussfolgerung nahegelegt.

40

41

40 um 1883: Karikatur in der Wochenschrift „Die Wucherpille", Deutschland

41 2010: Karikatur, BADIL, Palästinensische Autonomiegebiete

Auf der Karikatur aus der deutschen Wochenzeitschrift „Die Wucherpille" aus dem Jahr 1883 (40) wird das Verhältnis von Deutschen und Juden in der Gegenüberstellung körperlich, hart arbeitender deutscher Landarbeiter auf einem Feld und eines als Bozen auf den Erträgen bzw. Geld sitzenden Juden dargestellt. Den körperlich dem Ideal des Deutschen entsprechenden Arbeitern steht der antisemitisch stereotypisierte Jude als Personifikation des Kapitalismus gegenüber. Die Botschaft des Bildes ist nicht darauf zu reduzierten, dass Juden nicht als Teil der Gemeinschaft, nicht als Deutsche, gelten. Die Botschaft ergibt sich aus der imaginierten Hierarchie zwischen „deutschen Knechten" und „jüdischen Herren", also zwischen produktiver Arbeit bzw. „Unterdrückten" und raffendem Kapital bzw. „Unterdrückern". Das Bild steht damit also für ein Kondensat des Gegensatzes zwischen einer als deutsch ausgewiesenen produktiven Landarbeit und „raffenden Juden". Juden werden dem Sinn dieses Bildes nach als „Parasiten" dämonisiert. Sie werden an die Position eines „Parasiten" gesetzt, der sich auf Kosten hart arbeitender Deutscher bereichere. Damit wird deutlich, wie die eliminatorische Dimension des Antisemitismus subtil zum Ausdruck kommt. Sie wird als Schlussfolgerung nahegelegt.

Die Karikatur aus dem Jahr 2010 wurde von der palästinensischen Nichtregierungsorganisation „BADIL" (Ressource Center for Palestinian Residency and Refugee Rights) mit einem Preis ausgezeichnet und verbreitet. Sie zeigt einen Juden in religiöser Kleidung, der auch mit Bart und abstehenden Schläfenlocken als religiös ausgewiesen wird, wie er auf einem Podest steht, neben dem Totenköpfe und unter dem eine Frau mit Kopftuch und ein lebloses Kind liegen. Der Jude repräsentiert Israel, die Totenköpfe, die Frau und das Kind die Palästinenser. Die Dämonisierung Israels als Landräuber und Kindermörder folgt aus der Beschriftung des Podests mit „1948" und wird von der Darstellung des Juden als „Teufel" (böser Gesichtsausdruck, abgewandelter, blutverschmierter Dreizack) unterstrichen und ins Phantastische übersteigert. „1948" ist das Jahr, in dem Israel gegründet wurde. Die Staatsgründung Israels, respektive die als „Nakba" bezeichnete Vertreibung und Flucht von Palästinensern, dient also als Referenz eines gleichwohl imaginierten Szenarios der „jüdisch-israelischen Aggression" gegen Palästinenser und modelliert abermals die Hierarchie zwischen „übermächtigen, bösen Juden" und „unterdrückter nationaler Opfergemeinschaft". Der durch den diabolisch gezeichneten Juden repräsentierte jüdische Staat, so lautet die Botschaft, sei auf dem Rücken bzw. den Leichen der Palästinenser gegründet worden. Der aus dem Vertreibungsszenario abgeleitete Anspruch auf Rückkehr wird in dem Bild durch den Schlüssel in den Händen der Frau symbolisiert. Auf den Schlüsseln in den Händen „des Juden" steht „USA" und „UK". Damit wird ausgesagt, Israel sei mit der Unterstützung durch die USA und Großbritannien gegründet worden. Zudem geht damit die Feindbildkonstruktion als „imperialistischer Aggressor" einher.

Der historische Zusammenhang, der hier als Szenario der antisemitischen Dämonisierung dient, ist die Staatsgründung Israels im Jahr 1948, die vom israelischen Unabhängigkeitskrieg begleitet wurde. Dieser begann 1947 nach Verabschiedung des UN-Teilungsplan. Während die zionistischen Organisationen der Teilung des britischen Mandatsgebiets in einen jüdischen und arabischen Staat zustimmten, lehnten die arabischen Organisationen die Teilung ab und begannen einen Krieg. Nach der Staatsgründung am 14.5.1948 wurde Israel von arabischen Staaten angegriffen, der Gazastreifen von Ägypten und Judäa und Samaria von Jordanien besetzt. Zu dieser Zeit verließen ca. 700.000 Araber das israelische Staatsgebiet, teils wurden sie rund um das Kriegsgeschehen herum vertrieben, teils flüchteten sie oder wollten nicht in einem jüdischen Staat leben. Heute leben ca. 1,9 Millionen Araber in Israel (ca. 21 % der Bevölkerung), und trotzdem wird dieses Geschehen aus palästinensischer Perspektive als „Nakba" (Katastrophe) mythologisiert, um den jüdischen Staat als „Aggressor", „Landräuber" und „Unrechtsstaat" zu dämonisieren. Auf dieser Grundlage wird heute ein Rückkehrrecht für fünf Millionen Palästinenser gefordert, wobei die „Rückkehr" der Zerstörung des jüdischen Staats gleichkäme (vgl. Bernstein 2021, S. 111 ff.). Das Bild erhält seinen Sinn genau daraus, es delegitimiert den jüdischen Staat und legt also die Schlussfolgerung nahe, er dürfe nicht existieren.

Exterritorialisierung

So wie die Welt im Antisemitismus gedacht wird, gibt es keinen Platz für Juden oder einen jüdischen Staat. Juden wird kein Platz in der Gemeinschaft zuerkannt, sie werden gar als „Parasiten" der Gemeinschaft dämonisiert. Juden wird aber gleichzeitig auch nicht das Recht auf einen eigenen Staat zuerkannt, wie er bis zur Vertreibung in der Antike in verschiedenen Formen im historischen Gebiet Israel/Palästina bestand und seit 1948 mit Israel besteht. Mit dem Antisemitismus werden Juden zum Objekt des Hasses, weil sie keinen Staat haben und einen „fremden zersetzen" und weil es einen jüdischen Staat gibt, der auf „Landraub" und „Aggression" beruhe.

42

43

44

45

42 1895: Karikatur in der Zeitschrift „Kikeriki", Österreich
43 1936: Illustration im Kinderbuch „Trau keinem Fuchs auf gruener Heid und keinem Jud bei seinem Eid" von Elvira Bauer, Deutschland
44 1967: Karikatur in der Zeitung „Al-Djarida", Libanon
45 2009: Karikatur von Carlos Latuff

Auf der Karikatur aus der satirischen österreichischen Zeitschrift „Kikeriki" (42) aus dem Jahr 1895 wird eine Gruppe von Juden auf dem Weg nach Palästina gezeigt; sie folgen einem in diese Richtung zeigenden Wegweiser. Den Juden wird durch bürgerliche und religiöse Kleidung verschiedene sie als kollektiv vermeintlich kennzeichnende Positionen zugewiesen. Alle Juden sind auf der Grundlage der antisemitischen Idee der „jüdischen Physiognomie", z. B. mit Hakennase, gezeichnet und werden als Kreaturen in der Gruppenformation verächtlich gemacht. Das Bild beansprucht, die Einwanderung von Juden ins heutige

Staatsgebiet (damals Palästina) darzustellen und verhöhnt sie dabei. Die Auswanderung von Juden, häufig eine Folge antisemitischer Diskriminierung, wird also zum Gegenstand antisemitischer Schmähungen. Dadurch erschließt sich eine weitere Dimension des Bildes: Den Juden, die in Österreich diskriminiert wurden, wird der Weg in „die Heimat" gewiesen.

Das in einem nationalsozialistischen Kinderbuch gedruckte Bild aus dem Jahr 1936 (43) stellt die Vertreibung der Juden aus Deutschland als ein idyllisches Szenario dar. Eine Gruppe von Juden, die auch auf diesem Bild sowohl religiös als auch bürgerlich und antisemitisch stereotypisiert (Hakennase, gebuckelt, niedrige Stirn, bonzenhaft fett) dargestellt werden, folgt einem Wegweiser aus dem Land. Dieser Wegweiser verdeutlicht, sie befinden sich auf einer „Einbahnstraße". Des Weiteren steht die antisemitische Losung „Die Juden sind unser Unglück" auf dem Wegweiser – bekannt ist sie als propagandistische Losung der Zeitschrift „Der Stürmer". Damit wird die Vertreibung von Juden, wie sie auf dem Bild von Kindern, die dem Idealbild deutsch-völkischen Körperlichkeit entsprechen und damit einen Kontrast zu den „dunklen Juden" bilden, feierlich musizierend flankiert und belacht wird, gerechtfertigt.

Auf der Karikatur aus einer libanesischen Zeitung aus dem Jahr 1967 (44) wird ein mit der antisemitischen Bildsprache, d.h. mit der Darstellung der Kleidung, der Statur und des Gesichts, gekennzeichneter Jude, der zudem als klein, schwächlich und kreatürlich dargestellt wird, vom damaligen Präsidenten Ägyptens, Nasser, in das Meer getreten, während im Hintergrund die Armeen des Libanon, Syriens und des Iraks stehen. Die Botschaft lautet, dass Israel militärisch besiegt, zerstört und Juden ins Meer getrieben werden sollen. Die glorifizierte antisemitische Gewalt und Vernichtungsphantasie sind auf Israel gerichtet. Der historische Kontext des Bildes ist dabei von wesentlicher Bedeutung. Es entstand im Mai 1967 und damit kurz vor dem Sechstagekrieg, bei dem Israel mit einem Präventivschlag einem ägyptischen Angriff zuvorkam und dann Angriffen von Jordanien, Syrien und weiterer Staaten ausgesetzt war. Das verdeutlicht, wie eine in einem Bild ausgedrückte Vernichtungsphantasie, die auf der Überzeugung basiert, der jüdische Staat habe keine Existenzberechtigung, in die Tat umgesetzt wurde.

Die Zerstörung Israels kommt der Vertreibung oder Vernichtung von Juden gleich. Dass sie häufig als Widerstand oder Notwehr gegen eine basierend auf Feindbildern und Legenden konstruierte Macht oder gegen eine militärische Übermacht dargestellt wird, zeigt sich auf dem Cartoon aus dem Jahr 2009 (45). Eine als „Mother Palestine" Palästina repräsentierende alte Frau, symbolisiert durch die palästinensische Nationalflagge auf der Kleidung, tritt in einem Auto sitzende israelische Soldaten oder Polizisten aus „ihrem Land". Israel wird also als militärischer Aggressor und Besatzungsmacht dargestellt, die aber dennoch dem palästinensischen Widerstand, hier mit der Symbolkraft einer alten Frau romantisiert, unterlegen sei. Welches Land sie als das „Ihre" versteht, bleibt unklar. Es könnte sich sowohl um umstrittene Gebiete in Judäa und Samaria/Westjordanland handeln als auch um das israelische Staatsgebiet. Gleichwie, der Anspruch auf Palästina glorifiziert antisemitische Gewalt und delegitimiert die auf das Militär reduzierte Präsenz von Juden auf israelischem oder historisch jüdischem Gebiet in Judäa und Samaria/Westjordanland.

Entmenschlichung

Die antisemitische Dämonisierung entmenschlicht Juden als Personifizierung des Bösen und rechtfertigt damit die als Notwehr empfundene Gewalt gegen die als Gefahr erscheinenden Juden. Die Gewalt gegen Juden richtet sich nicht nur gegen ihre Präsenz im für die Gemeinschaft beanspruchten Land oder an der Vertreibung aus. Sie richtet sich an der Existenz der Juden selbst aus und zielt deshalb auf ihre Vernichtung.

46

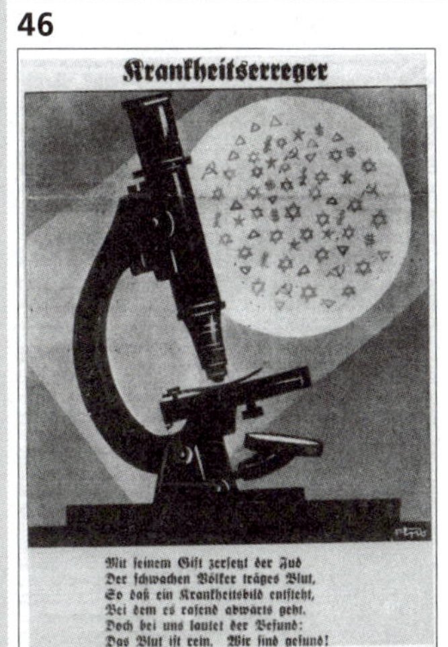

47

48

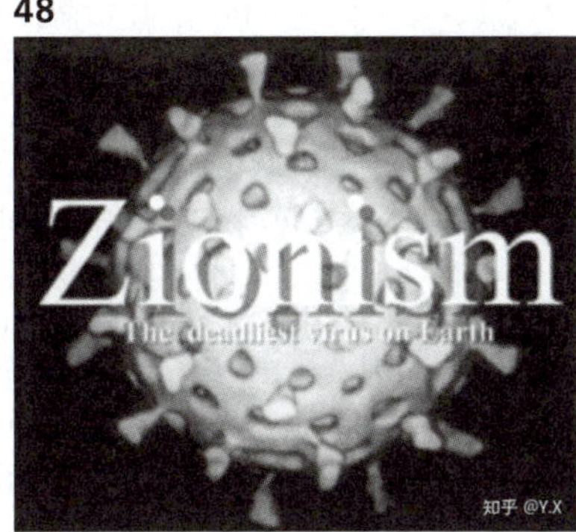

46 1943: „Krankheitserreger", Karikatur in „Der Stürmer", Deutschland
47 2020: Karikatur in palästinensischer Zeitung, Gaza
48 2020: Twitter-Bild

Die Dämonisierung von Juden als unmittelbare und unsichtbare Gefahr bedient sich in langer Tradition der Entmenschlichung als Krankheitserreger. „Krankheitserreger" ist der Titel der Karikatur aus der nationalsozialistischen Zeitschrift „Der Stürmer" aus dem Jahr 1943 (46). Abgebildet ist ein Mikroskop, im Hintergrund die mit diesem sichtbar gemachten „Krankheitserreger" in Form von Davidsternen und von Hammer und Sichel als Symbol des als „jüdisch" geltenden Bolschewismus. Der unter der Karikatur angeordnete Text expliziert die Aussage des Bildes: „Mit seinem Gift zersetzt der Jud der schwachen Völker träges Blut. So daß ein Kranheitsbilde entsteht, bei dem es rasant abwärts geht. Doch bei uns lautet der Befund: Das Blut ist rein. Wir sind gesund." Vor diesem Hintergrund wird deutlich, dass die Verfolgung und Vernichtung der europäischen Juden als Reinigung des Volkskörpers vom jüdischen Gift glorifiziert wird.

Die Kontinuität dieser antisemitischen Dämonisierung im Muster der Entmenschlichung als „Krankheitserreger" tritt anlässlich der Covid-19-Pandemie im Jahr 2020 deutlich hervor. Das neuartige Coronavirus wird in Verschwörungsmythen als von einer imaginierten „jüdischen Herrschaftselite" geschaffene biologische Waffe dargestellt, aber auch in das dämonisierende Wahnbild des „jüdischen Virus" überführt. Der Cartoon aus einer palästinensischen Zeitung illustriert das (47). Ein Davidstern wird dort als Virus dargestellt, gekennzeichnet mit trompetenförmigen Fortsätzen auf der Proteinstruktur außen. Die bildliche Entmenschlichung wird mit dem Begleittext expliziert: „Das Judentum ist der gefährlichste Virus der Welt."

Auf dem auf Twitter kursierenden Bild (48) ist im Hintergrund eine Viruszelle dargestellt. Im Vordergrund wird der „Zionismus" als „tödlichstes Virus der Welt" benannt. Daran wird deutlich, wie die vorher offen formulierte antisemitische Dämonisierung auf Israel gerichtet wird.

49

49 1941: Ausstellungsplakat der Anti-Freimaurer-Ausstellung, Serbien

50

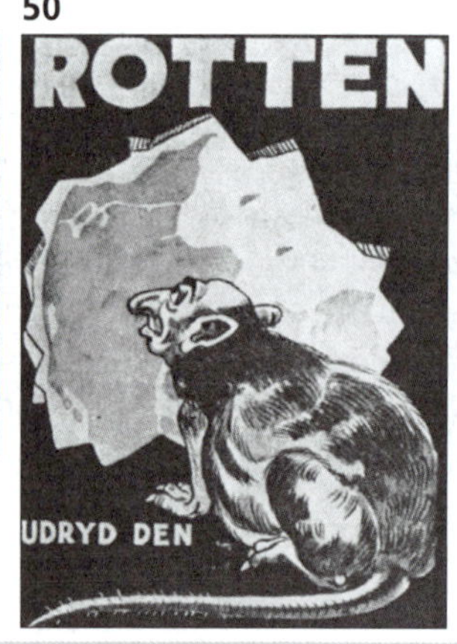

51

50 2015: Twitter-Meme

51 2017: Zeitung Al-Ahram Ägypten

Die Kontinuität der antisemitischen Gewalt, Vernichtung und Vernichtungsphantasien wird auf der Grundlage der oben angeordneten Bilder deutlich. Während das Bild aus dem Jahr 1349 (49) mit einem Judenpogrom die Ermordung von Juden, die häufig mit den antisemitischen Feindbildern und Legenden über Brunnenvergiftung oder Ritualmorde gerechtfertigt wurde, abbildet – Christen verbrennen Juden auf einem Scheiterhaufen –, werden Juden auf dem Poster aus dem vom nationalsozialistischen Deutschland besetzten Dänemark (50) als Ratten entmenschlicht. Die zoomorphistische Darstellung von Juden als Schädlinge ergibt sich daraus, dass die Ratte einen Menschenkopf hat, der mit einer Hakennase, abstehenden Ohren und Glatze antisemitisch stereotypisiert ist. Die „Ratte" blickt bedrohlich auf eine ein Land symbolisierende Fläche und stellt somit eine Gefahr dar. Die Vernichtungsforderung, als Schädlinge dargestellte Juden zu töten, wird mit der Aufschrift „Ratten. Vernichte sie" expliziert. Auch nach der Shoah, also nach der Ermordung von sechs Millionen Juden, werden antisemitische Vernichtungsphantasien bildlich dargeboten. Wie dies mit einem Israelbezug geschieht, illustriert die Karikatur aus einer ägyptischen Zeitung aus dem Jahr 1966 (51). Auf dem ist eine Waage zu sehen, an der einen Seite ist ein für die arabischen Staaten stehendes Gewicht angebracht, auf der anderen Seite ist ein mit Davidstern auf dem Hut, Bart und Hakennase stereotypisierter Jude gehängt worden. Der Untertitel lautet: „Israel versucht ein Gleichgewicht der Mächte mit den arabischen Staaten zu erreichen. Die arabischen Staaten antworten: Das wird das einzige Gleichgewicht sein." Hier wird also der Judenmord als Antwort auf Friedensbestrebungen Israels glorifiziert und das Ziel unterstrichen, den jüdischen Staat vernichten zu wollen.

Die Shoah und antisemitische Dämonisierungen

Die Kontinuität des Antisemitismus bedeutet nicht nur, dass tradierte Feindbilder und Legenden trotz ihrer Ächtung nach der Shoah fortbestehen. Vielmehr bedeutet sie auch, dass die antisemitische Dämonisierung sich selbst auf die Shoah beziehen kann.

So etwa auf der Karikatur iranischen Ursprungs (52), mit der die Shoah geleugnet wird. Neun religiös gekleidete Juden mit Hakennase und Bart – der mittig angeordnete und im Vordergrund stehende Jude trägt einen Davidstern auf seiner Kleidung – gehen nacheinander immer wieder in eine Gaskammer, die sie auf der anderen Seite wieder verlassen. Dadurch treiben sie der Bildlogik nach die auf der Gaskammer an einem Zähler angezeigte Opferzahl, die der Zahl der Opfer der Shoah entspricht, nach oben. Die nationalsozialistische Vernichtung der europäischen Juden sei, so lautet die Botschaft der Karikatur, eine „jüdische Verschwörung". Die antisemitische Allmachtzuschreibung geht also mit der Leugnung der Shoah sowie der Schmähung der Opfer und ihrer Nachkommen einher.

52

53

52 2010: Karikatur auf iranischer Homepage
53 2009 – Cartoon von Carlos Latuff, Brasilien

Eine solche Schmähung drückt sich auch in der Karikatur aus dem Jahr 2009 (53) aus. In einem Stacheldrahtzaun haben sich zwei als Opfer der Nationalsozialisten dargestellte Männer verfangen, deren Körper ein Hakenkreuz formen. Der Mann links im Bild trägt die Häftlingskleidung aus den nationalsozialistischen Konzentrationslagern und ist mit dem „Judenstern" auf der Brust als Jude zu identifizieren. Der Mann rechts im Bild trägt ein sogenanntes „Palästinensertuch" auf dem Kopf und steht symbolisch für Gaza – die Aufschrift befindet sich auf seiner Jacke. Die durch die Beschriftung explizierte Botschaft des Bildes zielt auf die Gleichsetzung von Juden und Palästinensern als Opfer nationalsozialistischer Aggression. Die Shoah wird also relativiert. Zugleich wird eine Täter-Opfer-Umkehr abgebildet. Denn Israel wird dabei dem Nationalsozialismus gleichgesetzt, der jüdische Staat begehe einen Holocaust an den Palästinensern in Gaza und die Opfer seien damit zu Tätern geworden. Damit werden die Opfer der Shoah und ihre Nachkommen als Nationalsozialisten dämonisiert.

54

55

54 1967: Karikatur in „Berliner Zeitung", Deutschland „Du bist ein fähiger Schüler, Kollege Dayan".
55 2007: Karikatur in der Zeitung Tishreen, Syrien „Wir sind gleich"

Eine solche Gleichsetzung von Juden bzw. Israel mit dem Nationalsozialismus im Muster der Täter-Opfer-Umkehr spiegelt sich auch direkt in der Gleichsetzung israelischer Politiker oder Soldaten mit Nationalsozialisten wider. Dafür steht die Karikatur aus der „Berliner Zeitung" (DDR) aus dem Jahr 1967 (56). Darauf ist der damalige israelische Verteidigungsminister

Moshe Dayan zu sehen, wie er über Israel kniend nach Gaza und Jerusalem greift und dabei dem vor ihm stehenden Adolf Hitler zugewandt ist. Dieser sagt zu ihm: „Du bist ein fähiger Schüler, Kollege Dayan". Somit wird der damalige Verteidigungsminister Israels von Hitler in der Position eines Lehrers zum Nationalsozialisten erklärt. Im Schüler-Lehrer-Verhältnis wird Dayan Hitler gleichgesetzt. Diese antisemitische Dämonisierung steht im Kontext des Sechstagekriegs, bei dem sich Israel vor der militärischen Aggression arabischer Staaten und der drohenden Vernichtung verteidigt hatte. Dabei hatte Israel die Kontrolle über das vormals ägyptisch besetzte Gaza und das vormals von Jordanien annektierte Judäa und Samaria/Westjordanland erhalten – und damit auch über den Ostteils Jerusalems, sodass die Hauptstadt des jüdischen Staats vereinigt werden konnte.

Dass eine deutsche Zeitung daraus eine Aggression und eine Gleichsetzung mit dem Nationalsozialismus herleitet, zeugt von einer Schuldabwehr und einem Entlastungsbedürfnis, das sowohl die Shoah relativiert als auch Juden dämonisiert.

Auf der Karikatur aus der syrischen Zeitung aus dem Jahr 2007 (57) wird die Gleichsetzung von Israel mit den Nationalsozialisten mit einem Szenario dargestellt, in dem Hitler drohend auf einen israelischen Soldaten zugeht. Vor einem Meer aus Schädeln und Knochen sagt der israelische Soldat in verteidigender Haltung zu Hitler: „Wir sind gleich". Diese Gleichsetzung dimensioniert sich auch entlang der Symbole auf den Uniformen: Der Bildlogik nach wird das Hakenkreuz auf der Armbinde Hitlers dem Davidstern auf der Jacke des israelischen Soldaten gleichgesetzt.

6 Zusammenfassung und Ausblick

Antisemitismus ist auch nach der Shoah ein beständiges Problem in der Gesellschaft und in der Schule. Die Voraussetzung dafür, Antisemitismus pädagogisch begegnen zu können, ist, seine Manifestationen zu erkennen. Doch häufig werden nicht alle Erscheinungsformen des Antisemitismus erkannt. Das Ziel dieses Buchs ist es, die Manifestationen des Antisemitismus in Bildern darzustellen, damit aufzuzeigen, wie traditionelle antisemitische Feindbilder aktualisiert werden, um Kontinuitäten des Antisemitismus problematisieren zu können. Auf der Grundlage von Vergleichen von visuellen Zeugnissen aus verschiedenen Zeiten werden antisemitische Feindbilder und Legenden, die sowohl in westlichen als auch in nicht-westlichen Gesellschaften, in christlichen wie in muslimischen Kulturräumen verbreitet worden sind, im Kontext der Funktionen und Mechanismen des Antisemitismus analysiert. Das bedeutet, dass die wesentlichen Dimensionen einer antisemitischen Bildsprache ebenso herausgearbeitet werden wie die aus den Bildern folgenden Botschaften. Damit bietet das Buch einen Ansatz dafür, Antisemitismus in seiner sich wandelnden Gestalt und Kontinuität wahrzunehmen, in einen pädagogischen Umgang zu überführen und als Problem zu kritisieren. Überdies lassen sich die Bildervergleiche und die Analysen in den Unterricht integrieren, um Schüler/-innen über die Kontinuität des Antisemitismus aufzuklären und seiner Verbreitung und Verankerung entgegenzuwirken.

7 Bilderverzeichnis

1. Eigenes Foto/Bildzitat: 1903: „Polonisierung Westpreußens", Karikatur, Simplicissimus, Jg. 7, Nr. 26. Österreichische Nationalbibliothek, Sig.: 404.751-D, Per. 1903. In: Jüdisches Museum Wien (1995): Die Macht der Bilder. Antisemitische Vorurteile und Mythen [eine Ausstellung des Jüdischen Museums der Stadt Wien in der Volkshalle des Wiener Rathauses vom 27. April bis 31. Juli 1995]. Wien: Picus-Verlag, S. 227.
2. Mit Erlaubnis des USHMM: 1926: Plakat, Deutschland: United States Holocaust Memorial Museum (Photograph Number: 36069). Copyright: United States Holocaust Memorial Museum. Provenance: Dottie Bennett. Second Provenance: Sidney S. Bennett. Online: collections.ushmm.org/search/catalog/pa1182393 [letzter Aufruf 23.12.2021].
3. 1967: Karikatur. Al-Manar, Irak: Melvin Konner: Anti-Semitic and Anti-Israel Cartoons, CC BY-NC-ND 3.0 (unverändert). Online: www.jewsandothers.com/cartoons/ [letzter Aufruf 23.12.2021], dokumentiert aus „Israel Must Be Annihilated": A Selection of Cartoons from the Arab Press (Tel Aviv: Zahal Information Office, July 1967).
4. vor 1937: „Der wandernde Ewige Jude". Farbiger Holzschnitt von S. C. Dumont, 1852 (nach Gustave Doré). Reproduktion als nationalsozialistisches Propoganda-Plakat (vor 1937) in Yad Vashem. Gemeinfrei. David Shankbone de.wikipedia.org/wiki/Ewiger_Jude#/media/Datei:Nazi_Wandering_Jew_propaganda_by_David_Shankbone.jpg [letzter Aufruf 23.12.2021].
5. 1940: Plakat des nationalsozialistischen Propagandafilms „Der Ewige Jude": antisemitic film poster. (Accession Number: 1990.193.10) United States Holocaust Memorial Museum Collection, Gift of Helmut Eschwege. collections.ushmm.org/search/catalog/irn2901 collections.ushmm.org/search/catalog/irn2901 [letzter Aufruf 23.12.2021].
6. 14. Jahrhundert: Wandmalerei, Katharinenkapelle Landau, Deutschland. Wandmalerei aus dem 14. Jhd., Detail Kreuzigung, typisch für den Antisemitismus dieser Zeit ist der Judenhut des Mannes mit dem Hammer, Katharinenkapelle Landau, Landau in der Pfalz, Landkreis Südliche Weinstraße, Rheinland-Pfalz, Deutschland. 25.8.2009. DKrieger. GNU Free Documentation License, Version 1.2. commons.wikimedia.org/wiki/File:Landau_066.jpg, [letzter Aufruf 23.12.2021].
7. Screenshot: 1938: „Der Giftpilz", Ernst Hiemer, S. 40. Screenshot: https://archive.org/details/Hiemer-Ernst-Der-Giftpilz/page/n39/mode/2up [letzter Aufruf 23.12.2021].
8. 2012: „Enough is Enough". Cartoon. Bildzitat (unverändert): arabefrustrado.blogspot.com/2012/08/donde-estan-los-semitas.html [letzter Aufruf 23.12.2021].
9. 1493: Darstellung des angeblichen Ritualmords an Simon von Trient im Jahr 1475, aus der Weltchronik Hartmann Schedels. Michel Wolgemut, Wilhelm Pleydenwurff (Text: Hartmann Schedel) – Hartmann Schedels Weltchronik (Nürnberg 1493). Gemeinfrei commons.wikimedia.org/wiki/File:Ritualmord-Legende.jpg [letzter Aufruf 23.12.2021].
10. Mit Erlaubnis des USHMM: 1939: „Ritualmord", Titelseite des „Stürmers", Deutschland: United States Holocaust Memorial Museum (Photograph Number: 37858). Copyright: United States Holocaust Memorial Museum. Provenance: Virginius Dabney, Source Record ID: Collections: 1990.29.33. collections.ushmm.org/search/catalog/pa1093178 [letzter Aufruf 23.12.2021].
11. 2001: Karikatur in der Zeitung Al Ahram, Ägypten, Bildzitat (unverändert): dokumentiert von Joel Kotek, Jerusalem Center for Public Affairs: Major Anti-Semitic Motifs in Arab Cartoons (2004). Online: jcpa.org/article/major-anti-semitic-motifs-in-arab-cartoons/ [letzter Aufruf 23.12.2021].
12. 2015: Cartoon von Umayya Juha in der Zeitung al-Raya, Katar, Bildzitat (unverändert): dokumentiert von der Anti Defamtion League: Anti-Semitic Cartoons: A Hallmark of Qatari Newspapers (2018) www.adl.org/blog/anti-semitic-cartoons-a-hallmark-of-qatari-newspapers [letzter Aufruf 23.12.2021].
13. Screenshot: 1938: „Der Giftpilz", Ernst Hiemer, Titelblatt. archive.org/details/Hiemer-Ernst-Der-Giftpilz/mode/2up [letzter Aufruf 23.12.2021].
14. 2013: Karikatur in der Stuttgarter Zeitung, 5.8.2013, Bildzitat (unverändert): dokumentiert nach estherstagebuchauszichronyaacov.files.wordpress.com/2013/08/0c27b-969095_10151620396818261_475574034_n1.jpg [letzter Aufruf 23.12.2021].
15. 1944: Plakat der NSDAP. „Der ist Schuld am Kriege! (Kriegsplakate der Reichspropagandaabteilung der NSDAP). Landesarchiv Baden-Württemberg, Abt. Staatsarchiv Freiburg, W 113 Nr. 0038. Plakatsammlung Karl Fritz >> Plakatsammlung Karl Fritz – www.landesarchiv-bw.de/plink/?f=5-13080&a=fb. CC BY 3.0 DE creativecommons.org/licenses/by/3.0/de/. www.deutsche-digitale-bibliothek.de/item/54LJGFEC5IGID6UMCPAZG6V5END66DPL [letzter Aufruf 23.12.2021].
16. 2014: „Gaza-Krieg": Karikatur von Glen Le Lievre in der Zeitung Sydney Morning Herald, Australien, Bildzitat: dokumentiert nach Honestreporting.com, Emily Gian (2014): The Unbearable Darkness of Australian Blood Libels. Fotos: CC BY-NC-SA flickr/Alesa Dam Online honestreporting.com/the-unbearable-darkness-of-australian-blood-libels/ [letzter Aufruf 23.12.2021].
17. 2018: Karikatur, Dieter Hanitzsch, Süddeutsche Zeitung, Deutschland, Bildzitat (unverändert): dokumentiert nach t-online, www.t-online.de/nachrichten/deutschland/gesellschaft/id_83785492/netanjahu-karikatur-sueddeutsche-zeitung-entschuldigt-sich.html [letzter Aufruf 23.12.2021].

18. Eigenes Foto/Bildzitat: 16. Jahrhundert: Holzschnitt, „Die Schlackheit der Juden", Graphische Sammlung Albertina Wien, Inv. -Nr. 1930,219/Schr.1964. In: Jüdisches Museum Wien (1995): Die Macht der Bilder. Antisemitische Vorurteile und Mythen; [eine Ausstellung des Jüdischen Museums der Stadt Wien in der Volkshalle des Wiener Rathauses vom 27. April bis 31. Juli 1995]. Wien: Picus-Verlag, S. 61.
19. ca. 1840: Karikatur von A. Park, Großbritannien, United States Holocaust Memorial Museum Collection, Gift of the Katz Family. Accession Number: 2016.184.189. No restrictions on use. Online collections.ushmm.org/search/catalog/irn538320 [letzter Aufruf 23.12.2021].
20. 2019: Karikatur von Vasco Gargalo, Sabado, Portugal, Bildzitat (unverändert): dokumentiert nach israellycool.com, David Lange (2020): A Tale of Two 'Octopus' Bibis. Online www.israellycool.com/2020/02/02/ a-tale-of-two-octopus-bibis/ [letzter Aufruf 23.12.2021].
21. Screenshot: 1938: „Der Giftpilz", Ernst Hiemer, S. 42. Screenshot: archive.org/details/Hiemer-Ernst-Der-Giftpilz/page/n41/mode/2up [letzter Aufruf 23.12.2021].
22. 2016: Facebook-Post Juso, Schweiz, Bildzitat (unverändert): dokumentiert nach Dani Brandt (2016): Juso wirbt mit antisemitischer Symbolik für Spekulationsstopp-Initiative. Online etwasanderekritik.wordpress.com/2016/01/22/juso-wirbt-mit-antisemitischer-symbolik-fuer-spekulationsstopp-initiative/ [letzter Aufruf 23.12.2021].
23. Meme „Happy Merchant", Bildzitat (unverändert). Zeichnung von „A. Wyatt Mann"/Nick Bougas, dokumentiert nach Anti-Defamation League www.adl.org/education/references/hate-symbols/the-happy-merchant [letzter Aufruf 23.12.2021].
24. 1941: Ausstellungsplakat der Anti-Freimaurer-Ausstellung, Serbien. World War II posts and documents University of Minnesota. Gemeinfrei. de.wikipedia.org/wiki/Datei:Posters11.jpg [letzter Aufruf 23.12.2021].
25. 2015: Twitter-Meme, Syed Jafar Askari twitter.com/AskariJAFAR/status/563970388582223872 [letzter Aufruf 23.12.2021].
26. 2017: Karikatur Al-Ahram, Ägypten: dokumentiert nach Inas Hussein Hassan (2019): Analyzing Political Cartoons in Arabic Language Media after Trump's Jerusalem Move: A Multimodal Discourse Perspective. https://www.researchgate.net/publication/342082020_Analyzing_Political_Cartoons_in_Arabic_Language_Media_after_Trump's_Jerusalem_Move_A_Multimodal_Discourse_Perspective

27a. 2020: Karneval Aalst, Belgien, Belga/AFP, Nicolas Maeterlinck.

27b. 2020: Karneval Aalst, Belgien, Belga/AFP, James Arthur Gekiere.

28. Screenshot: 2020: Figurka ?yd ze szkatu?k? pieni?dzy na szcz??cie, Bildzitat allegro.pl/oferta/figurka-zyd-ze-szkatulka-pieniedzy-na-szczescie-8743035925 [letzter Aufruf 23.12.2021].
29. „Judensau" (ca. 1440), Stadtkirche Wittenberg, Posi66, CC BY-SA 4.0 https://creativecommons.org/licenses/by-sa/4.0/de.wikipedia.org/wiki/Judensau#/media/Datei:Judensau_Wittenberg.jpg [letzter Aufruf 23.12.2021].
30. 1925: Flugblatt der Deutschen Erneuerungs-Gemeinde zum Dawes-Plan und zum Barmat-Skandal. Copyright Deutsches Historisches Museum. Do 56/718.144.
31. 2010: Karikatur „Ship to Gaza", Carlos Latuff. Free Art License 1.3 upload.wikimedia.org/wikipedia/commons/5/59/ Ship_to_Gaza_by_Latuff.gif [letzter Aufruf 23.12.2021].
32. Mit Erlaubnis des USHMM: 1936: „Die jüdische Spinne", Vortragsbild: „Das Judentum, seine blutsgebundene Wesensart in Vergangenheit und Gegenwart", Der Reichsführer SS, der Chef des Rasse- und Siedlungshauptamtes. Library of Congress. Copyright: Public Domain. United States Holocaust Memorial Museum. Copyright: United States Holocaust Memorial Museum. Provenance: Roland Klemig. Online collections.ushmm.org/search/catalog/pa1141708 [letzter Aufruf 23.12.2021].
33. 2013: Cartoon, Emad Hajjaj, Jordanien, Bildzitat (unverändert): dokumentiert nach Zachor Legal Institute und StopAntisemitism.org: The New Anti-Semites, S. 14. static1.squarespace.com/static/5cc20f51ca525b73bdd50e3a/t/5e5e448bdf3e9809a59a88bb/1583236400890/The+New+Anti-Semites.pdf [letzter Aufruf 23.12.2021].
34. 1944: „Das Ungeziefer", Karikatur in „Der Stürmer", Deutschland. Antisemitic propaganda in Nazi Germany: a depiction of Capitalist/Communist Vermin in Der Stürmer, September 1944/21. Oktober 2018/Eigenes Werk excerpt of file:Nazi Anti-Semitic Propaganda by David Shankbone.jpg. Urheber: Partynia. CC BY-SA 4.0 creativecommons.org/licenses/by-sa/4.0/deed.de Online de.m.wikipedia.org/wiki/Datei:Jew_-_Parasit.jpg [letzter Aufruf 23.12.2021].
35. 2012: Cartoon von Sajjad Jafari in „Fars News Agency", Bildzitat (unverändert): dokumentiert nach Memri, Eli Zigron (2013): The Image Of The Jew In The Eyes Of Iran's Islamic Regime – Part III: Dehumanizing Jews In Cartoons Inspired By Classic European Antisemitism. Online www.memri.org/reports/image-jew-eyes-irans-islamic-regime-%E2%80%93-part-iii-dehumanizing-jews-cartoons-inspired-classic [letzter Aufruf 23.12.2021].
36. 1898: „Rothschild", Charles Lucien Léandre in Le Rire. Gemeinfrei. commons.wikimedia.org/wiki/File:Antisemiticroths.jpg [letzter Aufruf 23.12.2021].
37. 1930: „Protokolle der Weisen von Zion", Buchcover, Spanien. Gemeinfrei https://commons.wikimedia.org/wiki/File:Protocols_Spain_1930.jpg [letzter Aufruf 23.12.2021].
38. 2006: Karikatur, „Israel's Crimes Against Palestinians", Carlos Latuff, brasilianischer Karikaturist, Bildzitat (unverändert): dokumentiert nach MiddleEastMonitor CC BY-NC-SA 4.0 creativecommons.org/licenses/by-nc-sa/4.0/

Online: www.middleeastmonitor.com/20181122-israel-academics-artists-urge-against-equating-anti-zionism-with-anti-semitism/ [letzter Aufruf 23.12.2021].

39. 2007: Karikatur in der Zeitung „Al- Rai", Jordanien, Bildzitat (unverändert): dokumentiert nach The Middle East Media Research Institute (Memri), Ofir Winter (2007): Antisemitic Cartoons in the Arab and Iranian Press. Online: www.memri.org/reports/antisemitic-cartoons-arab-and-iranian-press [letzter Aufruf 23.12.2021].
40. um 1883: Karikatur in de Wochenschrift „Die Wucherpille", Deutschland. Gemeinfrei. de.wikipedia.org/wiki/Die_Wucherpille#/media/Datei:Deutsche_Landwirtschaft.jpg [letzter Aufruf 23.12.2021]. nach Hans Berkessel: Antisemitismus im Kaiserreich In: NS-Herrschaft, Verfolgung und Widerstand (= Mainzer Geschichtsblätter). Verein für Sozialgeschichte Mainz, Mainz, S. 174
41. 2010: Karikatur, BADIL, Palästinensische Autonomiegebiete, Bildzitat (unverändert): dokumentiert nach NGO-Monitor (2010): BADIL's Antisemitic Cartoon: Questions for DanChurchAid, Trocaire and Funders Online: www.ngo-monitor.org/reports/badil_s_antisemitic_cartoon_questions_for_danchurchaid_trocaire_and_funders/ [letzter Aufruf 23.12.2021].
42. 1835: Karikatur in der Zeitschrift „Kikeriki", Österreich. Wiederabdruck in: Eduard Fuchs, Die Juden in der Karikatur. Ein Beitrag zur Kulturgeschichte. München (Albert Langen) 1921, S. 199. Eigenes Foto.
43. Screenshot: 1936: Illustration im Kinderbuch „Trau keinem Fuchs auf gruener Heid und keinem Jud bei seinem Eid" von Elvira Bauer, S. 44. archive.org/details/Bauer-Elvira-Trau-keinem-Fuchs-auf-gruener-Heid/page/n43/mode/2up [letzter Aufruf 23.12.2021].
44. 1967: Karikatur in der Zeitung „Al-Djarida". Melvin Konner: Anti-Semitic and Anti-Israel Cartoons, CC BY-NC-ND 3.0 Online: www.jewsandothers.com/cartoons/dokumentiert aus „Israel Must Be Annihilated": A Selection of Cartoons from the Arab Press (Tel Aviv: Zahal Information Office, July 1967).
45. 2009: Karikatur von Carlos Latuff. Public Domain. archive.org/details/MotherPalestine [letzter Aufruf 23.12.2021].
46. 1943: „Krankheitserreger", Karikatur in „Der Stürmer", dokumentiert nach Melvin Konner: Anti-Semitic and Anti-Israel Cartoons, CC BY-NC-ND 3.0 www.jewsandothers.com/cartoons. [letzter Aufruf 23.12.2021].
47. 2020: Karikatur in palästinensischer Zeitung, Gaza, Bildzitat (unverändert): dokumentiert nach Jerusalem Center for Public Affairs, Fiamma Nirenstein (2020): The Third Wave of Anti-Semitism is on the Way. Online: jcpa.org/the-third-wave-of-anti-semitism-is-on-the-way/ [letzter Aufruf 23.12.2021].
48. 2020: Twitter-Bild, Bildzitat (unverändert): dokumentiert nach Anti-Defamation League (2020): Coronavirus Crisis Elevates Antisemitic, Racist Tropes. Online: www.adl.org/blog/coronavirus-crisis-elevates-antisemitic-racist-tropes [letzter Aufruf 23.12.2021].
49. 1376/77: Judenpogrome von 1349, Antiquitates Flandriae, Flandern. Gemeinfrei. European chronicle, scanned and cropped from A History of the Jewish People by H.H. Ben-Sasson, ed. (Harvard University Press, Cambridge, 1976) S. 564–565 de.wikipedia.org/wiki/1349#/media/Datei:1349_burning_of_Jews-European_chronicle_on_Black_Death.jpg [letzter Aufruf 23.12.2021].
50. 1940: Poster, Dänemark. Bildzitat (unverändert): Art Spiegelman: Why Mice? The New York Review of Books. Aus: Art Spiegelman, Meta Maus. S. Fischer Verlag 2012. dokumentiert nach www.nybooks.com/daily/2011/10/20/why-mice/ [letzter Aufruf 20.6.2020].
51. 1966: Karikatur von Roz-el-Yussef, dokumentiert nach Melvin Konner: Anti-Semitic and Anti-Israel Cartoons, CC BY-NC-ND 3.0 www.jewsandothers.com/cartoons/dokumentiert aus „Israel Must Be Annihilated": A Selection of Cartoons from the Arab Press (Tel Aviv: Zahal Information Office, July 1967).
52. 2010: Karikatur auf iranischer Homepage, Bildzitat (unverändert): dokumentiert nach The Middle East Media Research Institute (Memri) (2011): Iranian Cultural Foundation Mocks Holocaust. Online: www.memri.org/reports/iranian-cultural-foundation-mocks-holocaust [letzter Aufruf 23.12.2021].
53. 2009 – Cartoon von Carlos Latuff, Brasilien. Free use. upload.wikimedia.org/wikipedia/commons/5/5d/Holocaust_Remembrance_Day.jpg [letzter Aufruf 23.12.2021].
54. 1967: Karikatur in „Berliner Zeitung", Michael Palomino (2008): www.hist-chron.com/judentum-aktenlage/antisem/EncJud_antisemitismus-1945-1970-ENGL.html [antisemitische Website; letzter Aufruf 23.12.2021] aus Encyclopaedia Judaica (1971): Anti-Semitism. Ausgabe 3. S. 155.
55. 2007: Karikatur in der Zeitung „Tishreen", Syrien, Bildzitat: dokumentiert nach The Middle East Media Research Institute (Memri), Ofir Winter (2007): Antisemitic Cartoons in the Arab and Iranian Press. Online: www.memri.org/reports/antisemitic-cartoons-arab-and-iranian-press [letzter Aufruf 23.12.2021].

8 Literaturverzeichnis

Ackermann, Zeno (2011): Kontinuität, Kompensation und „Aufarbeitung“. Zur Kaufmann-Rezeption der frühen Bundesrepublik. In: Zeno Ackermann und Sabine Schülting (Hg.): Shylock nach dem Holocaust. Zur Geschichte einer deutschen Erinnerungsfigur. Berlin: de Gruyter (Conditio Judaica, 78), S. 63–84.

Baier, Jakob (2019): „Mache Cash, wie die Rothschilds“ – Antisemitismus im Gangsta-Rap. In: ZSL, lpb und Baden-Württemberg Ministerium für Kultur, Jugend und Sport (Hg.): Wahrnehmen – Benennen – Handeln. Handreichung zum Umgang mit Antisemitismus an Schulen, S. 14–30.

Behrens, Cordula; Tenhafen, Kirsten (2016): Schulbuchtexte zum Arabisch-Israelischen Konflikt. In: Scholars for Peace in Middle East, Germany e. V. und die Arbeitsgemeinschaften der Deutsch-Israelischen Gesellschaft Bremen, Hannover, Oldenburg und Ostfriesland (Hg.): Pädagogik des Ressentiments. Das Israelbild in deutschen Schulbüchern, S. 10–13.

Ben-Arî, Gal (2002): Die Saat des Hasses. Juden und Israel in den arabischen Medien. Holzgerlingen: Hänssler (Hänssler-Taschenbuch).

Benz, Wolfgang (2009): Antisemitismus: Zum Verhältnis von Ideologie und Gewalt. In: Samuel Salzborn (Hg.): Antisemitismus. Geschichte und Gegenwart. 2. Auflage. Giessen: Netzwerk für politische Bildung, Kultur und Kommunikation e.V (Schriften zur politischen Bildung, Kultur und Kommunikation, Band 2), S. 33–50.

Bernstein, Julia (2020): Antisemitismus an Schulen in Deutschland. Befunde – Analysen – Handlungsoptionen. Weinheim: Beltz Juventa.

Bernstein, Julia (2021): Israelbezogener Antisemitismus. Erkennen – Handeln – Vorbeugen. Weinheim: Beltz Juventa.

Bernstein, Julia; Diddens, Florian (2019): Echoes of the Nazi Era. Jews in Germany amid routine Trivialisation of the Holocaust and antisemitic Attacks. In: Jost Rebentisch, Adina Dymczyk und Thorsten Fehlberg (Hg.): Trauma, Resilience, and Empowerment. Descendants of survivors of Nazi persecution. Frankfurt/M.: Mabuse, S. 40–58.

Bernstein, Julia; Diddens, Florian (2020): „Traut euch, steht auf, wer hier Jude ist!“: Antisemitismus an Schulen. Eine Rekonstruktion der Perspektiven betroffener Schüler*innen und Lehrer*innen. In: Joachim Willems (Hg.): Schule als Ort von Anerkennung – Schule als Ort von Diskriminierung. Religion und Religionsunterricht in der religiös-weltanschaulich diversen Gesellschaft. Bielefeld: transcript Verlag.

Bertman, Stephen (2009): The Antisemitic Origin of Michelangelo's Horned Moses. In: Shofar: An Interdisciplinary Journal of Jewish Studies 27 (4), S. 95–106. DOI: 10.1353/sho.0.0393.

Butter, Michael (2020): Antisemitische Verschwörungstheorien in Geschichte und Gegenwart. Bundeszentrale für politische Bildung. Online verfügbar unter https://www.bpb.de/politik/extremismus/antisemitismus/321665/antisemitische-verschwoerungstheorien, zuletzt geprüft am 23.12.2021.

Chernivsky, Marina (2017): Biografisch geprägte Perspektiven auf Antisemitismus. In: Meron Mendel und Astrid Messerschmidt (Hg.): Fragiler Konsens. Antisemitismuskritische Bildung in der Migrationsgesellschaft. Frankfurt/M.: Campus Frankfurt/New York, S. 269–280.

Enzenbacher, Isabel (2018): Antisemitismus in der zeitgenössischen Karikatur. Das Beispiel der Netanjahu/Netta-Zeichnung in der „Süddeutschen Zeitung“. Visual History. Online reference resource for. Online verfügbar unter https://visual-history.de/en/2018/12/17/antisemitismus-in-der-zeitgenoessischen-karikatur/, zuletzt geprüft am 29.7.2020.

Fein, Helen (1987): Dimensions of Antisemitism: Attitudes, Collective Accusations, and Actions. In: dies. (Hg.): The Persisting Question: De Gruyter, S. 67–85.

Feuerherdt, Alex (2010): Aufgebrachte Narrenschiffe. Lizas Welt. Online verfügbar unter https://lizaswelt.net/2010/05/31/aufgebrachte-narrenschiffe/, zuletzt geprüft am 23.12.2021.

Feuerherdt, Alex (2016): Die unausrottbare „Stürmer“-Krake: Was bitte soll an einer antisemitischen Karikatur antisemitisch sein? Mena Watch. Online verfügbar unter https://www.mena-watch.com/warum-die-krake-eine-antisemitische-chiffre-ist/, zuletzt geprüft am 29.7.2020.

Fuchs, Eduard (1921): Die Juden in der Karikatur. Ein Beitrag zur Kulturgeschichte. München: Albert Langen.

Geiger, Wolfgang (2008): Vorsicht Klischee: Juden im Mittelalter. In: Zentrum für Antisemitismusforschung (Hg.): Antisemitismus in Geschichte und Gegenwart. Lehrerhandreichung zum Unterrichtsmaterial: Juden und Judenfeindschaft in Europa bis 1945; Antisemitismus – immer noch?; Vorurteile. You 2? Bonn: Bundeszentrale für Politische Bildung/bpb, S. 9–18.

Gerstenfeld, Manfred (2019): The animalization of the Jews by their enemies. 'Animalization' – or 'zoomorphism' – is a widespread and ancient antisemitic motif applied both verbally and visually. Arutz Sheva. Online verfügbar unter http://www.israelnationalnews.com/Articles/Article.aspx/23827, zuletzt geprüft am 29.7.2020.

Gold, Helmut; Backhaus, Fritz (Hg.) (1999): Abgestempelt. Judenfeindliche Postkarten; auf der Grundlage der Sammlung Wolfgang Haney; eine Publikation der Museumsstiftung Post und Telekommunikation und des Jüdischen Museums Frankfurt/M. Heidelberg: Umschau/Braus.

Haury, Thomas (2002): Antisemitismus von links. 1. Auflage. Hamburg: Hamburger Edition.

Jüdisches Museum der Stadt Wien (1995): Die Macht der Bilder. Antisemitische Vorurteile und Mythen; [eine Ausstellung des Jüdischen Museums der Stadt Wien in der Volkshalle des Wiener Rathauses vom 27. April bis 31. Juli 1995. Jüdisches Museum Wien; Ausstellung Die Macht der Bilder – Antisemitische Vorurteile und Mythen. Wien: Picus-Verl.

Kistenmacher, Olaf (2017): Schuldabwehr-Antisemitismus als Herausforderung für die Pädagogik gegen Judenfeindschaft. In: Meron Mendel und Astrid Messerschmidt (Hg.): Fragiler Konsens. Antisemitismuskritische Bildung in der Migrationsgesellschaft. Frankfurt/M.: Campus Frankfurt/New York, S. 203–222.

Kotek, Joël (2008): Cartoons and extremism. Israel and the Jews in Arab and Western media. Edgware: Mitchell.

Lauder, Ronald S. (2019): In Birthplace of Nazism, „Never Again" Must Really Mean „Never Again". FAZ. Online verfügbar unter https://www.faz.net/aktuell/feuilleton/debatten/in-birthplace-of-nazism-never-again-must-really-mean-never-again-16449527.html, zuletzt geprüft am 29.7.2020.

Lehrer, Erica T. (2014): Lucky Jews/Na szcz??cie to ?yd. Korporacja Ha!art.

Lotter, Friedrich (1995): Aufkommen und Verbreitung von Ritualmordlegenden und Hostienfrevelanklagen gegen Juden. In: Jüdisches Museum der Stadt Wien (Hg.): Die Macht der Bilder. Antisemitische Vorurteile und Mythen; [eine Ausstellung des Jüdischen Museums der Stadt Wien in der Volkshalle des Wiener Rathauses vom 27. April bis 31. Juli 1995. Wien: Picus-Verl., S. 60–78.

Porat, Dina (2018): Definitionen Des Antisemitismus. In: Marc Grimm und Bodo Kahmann (Hg.): Antisemitismus im 21. Jahrhundert: De Gruyter Oldenbourg, S. 27–50.

Postone, Moishe (1991): Nationalsozialismus und Antisemitismus. Ein theoretischer Versuch. In: Kritik&Krise 4–5, S. 6–10.

Ramezani, Kian (2016): Juso entschuldigt sich für antisemitische Karikatur, SIG spricht von „Fehlleistung". Watson. Online verfügbar unter https://www.watson.ch/schweiz/rassismus/502882700-juso-wirbt-mit-antisemitischer-karikatur-fuer-spekulationsstopp-initiative, zuletzt geprüft am 23.12.2021.

Rensmann, Lars (2015): Zion als Chiffre. Modernisierter Antisemitismus in aktuellen Diskursen der deutschen politischen Öffentlichkeit. In: Monika Schwarz-Friesel (Hg.): Gebildeter Antisemitismus: Nomos, S. 93–116.

Rensmann, Lars (2018): Antisemitismus in bewegten Zeiten. Zur kritischen Relevanz des Konzepts in Wissenschaft und demokratischer Praxis. In: Reiner Becker, Dierk Borstel und Anne Broden (Hg.): Heuristiken. Demokratie gegen Menschenfeindlichkeit 1. Berlin: Wochenschau Verlag, S. 93–102.

Rickert, Tami (2019): Analyse von antisemitischen Bildern und Stereotypen. In: ZSL, lpb und Baden-Württemberg Ministerium für Kultur, Jugend und Sport (Hg.): Wahrnehmen – Benennen – Handeln. Handreichung zum Umgang mit Antisemitismus an Schulen, S. 86–88.

Rosenberg, Alyssa (2020): Guy Ritchie's 'The Gentlemen' dresses up anti-Semitism. Washington Post. Online verfügbar unter https://www.washingtonpost.com/opinions/2020/01/28/guy-ritchies-gentlemen-dresses-up-anti-semitism/, zuletzt geprüft am 23.12.2021.

Sacks, Jonathan (2016): The Mutating Virus. Understanding Antisemitism. The Future of the Jewish Communities in Europe Conference. Europaparlament Brüssel, 27.11.2016. Online verfügbar unter https://rabbisacks.org/mutating-virus-understanding-antisemitism/, zuletzt geprüft am 29.7.2020.

Salzborn, Samuel (2013): Israelkritik oder Antisemitismus? Kriterien für eine Unterscheidung. In: Neukirchner Theologische Zeitschrift 28. Online unter www.salzborn.de/txt/2013_Kirche-und-Israel.pdf, zuletzt geprüft am 23.12.2021.

Salzborn, Samuel (2019): Antisemitismus als negative Leitidee der Moderne. In: Zentralrat der Juden in Deutschland (Hg.): Perspektiven jüdischer Bildung. Diskurse – Erkenntnisse – Positionen. 1. Auflage. Leipzig: Hentrich und Hentrich Verlag Berlin (Schriftenreihe der Bildungsabteilung des Zentralrats der Juden in Deutschland, 2), S. 326–336.

Sartre, Jean-Paul (1945/1979): Betrachtungen zur Judenfrage. In: Drei Essays. Frankfurt/M.: Ullstein.

Scherr, Albert; Schäuble Barbara (2006): „Ich habe nichts gegen Juden, aber [...]". Ausgangsbedingungen und Perspektiven gesellschaftspolitischer Bildungsarbeit gegen Antisemitismus. Amadeu Antonio Stiftung. Online verfügbar unter https://www.amadeu-antonio-stiftung.de/w/files/pdfs/ich_habe_nichts_2.pdf, zuletzt geprüft am 29.7.2020.

Schoeps, Julius H. (1995): Vorwort. In: Jüdisches Museum der Stadt Wien (Hg.): Die Macht der Bilder. Antisemitische Vorurteile und Mythen; [eine Ausstellung des Jüdischen Museums der Stadt Wien in der Volkshalle des Wiener Rathauses vom 27. April bis 31. Juli 1995. Wien: Picus-Verl., S. 9–11.

Schwarz, Johannes Valentin (2005): Antisemitische Karikaturen und Cartoons. Fremdbilder – Selbstbilder. Didaktikmappe zur Ausstellung: Antijüdischer Nippes, populäre Judenbilder und aktuelle Verschwörungstheorien. Jüdischen Museum Hohenems/Vorarlberg. Online verfügbar unter https://www.politik-lernen.at/dl/msLpJKJKoLnNoJqx4KJK/504_karikaturen.pdf., zuletzt geprüft am 29.7.2020.

Schwarz-Friesel, Monika (2019): Hass als kultureller Gefühlswert. Das emotionale Fundament des aktuellen Antisemitismus. In: Olaf Glöckner und Günther Jikeli (Hg.): Das neue Unbehagen. Antisemitismus in Deutschland heute. Hildesheim: Georg Olms Verlag (Haskala).

Schwarz-Friesel, Monika; Reinharz, Jehuda (2012): Die Sprache der Judenfeindschaft im 21. Jahrhundert. Berlin, Boston: De Gruyter.

Sharansky, Nathan (3–4): 3D Test of Anti-Semitism. Demonization, Double Standards, Delegitimization. In: Jewish Political Studies Review 16, S. 5–8.

Staffa, Christian (2017): Antisemitismuskritik in Kirche und Theologie heute. In: Meron Mendel und Astrid Messerschmidt (Hg.): Fragiler Konsens. Antisemitismuskritische Bildung in der Migrationsgesellschaft. Frankfurt/M.: Campus Frankfurt/New York, S. 171–186.

Strangmann, Sinja (2014): Entrechtung, Verfolgung und Vernichtung (1933 – 1945). In: Martin Liepach und Dirk Sadowski (Hg.): Jüdische Geschichte im Schulbuch. Eine Bestandsaufnahme anhand aktueller Lehrwerke. Göttingen: V & R Unipress (Eckert. Expertise/Georg-Eckert-Institut für Internationale Schulbuchforschung, Band 3), S. 115–138.

Thaidigsmann, Michael (2020): Aalster Karneval erneut in den Schlagzeilen. Antisemitische Karikaturen orthodoxer Juden zieren eine Sammlung von Karnevalsbändern. Jüdische Allgemeine. Online verfügbar unter https://www.juedische-allgemeine.de/juedische-welt/aalster-karneval-erneut-in-den-schlagzeilen/, zuletzt geprüft am 23.12.2021.

Uhlig, Tom; Rhein, Katharina (2019): Antisemitismus – Begriffsgeschichte und die lange Tradition der Judenfeindschaft mit ihren Ausdrucksformen. In: ZSL, lpb und Baden-Württemberg Ministerium für Kultur, Jugend und Sport (Hg.): Wahrnehmen – Benennen – Handeln. Handreichung zum Umgang mit Antisemitismus an Schulen, S. 14–30.

Widmann, Peter (2008): Antisemitismus und visuelle Kompetenz. In: Zentrum für Antisemitismusforschung (Hg.): Antisemitismus in Geschichte und Gegenwart. Lehrerhandreichung zum Unterrichtsmaterial: Juden und Judenfeindschaft in Europa bis 1945; Antisemitismus – immer noch?; Vorurteile. You 2? Bonn: Bundeszentrale für Politische Bildung/bpb, S. 35–41.

Zick, Andreas; Jensen, Silke; Marth, Julia; Krause, Daniela; Döring, Geraldine (2017a): Verbreitung von Antisemitismus in der deutschen Bevölkerung. Ergebnisse ausgewählter repräsentativer Umfragen. Expertise für den unabhängigen Expertenkreis Antisemitismus. Institut für interdisziplinäre Konflikt- und Gewaltforschung. Universität Bielefeld.

Zick, Andreas; Hövermann, Andreas; Jensen, Silke; Bernstein, Julia (2017b): Jüdische Perspektiven auf Antisemitismus in Deutschland. Ein Studienbericht für den Expertenrat Antisemitismus. Institut für interdisziplinäre Konflikt- und Gewaltforschung. Universität Bielefeld.

Antisemitismus, Rassismus

Hans-Peter Killguss, Marcus Meier, Sebastian Werner (Hg.)

Bildungsarbeit gegen Antisemitismus

Grundlagen, Methoden & Übungen

Antisemitismus ist Teil der deutschen Geschichte, aber auch der deutschen Gegenwart. Insbesondere in Schulen kommt es immer wieder zu antisemitischen Beschimpfungen oder gar Übergriffen. Lehrkräfte, aber auch alle anderen, die mit Jugendlichen arbeiten, sehen sich daher mit der Frage konfrontiert, wie sie mit dem Thema umgehen sollen. Das Handbuch hilft nicht nur dabei, verschiedene antisemitische Phänomene zu erkennen und einzuordnen, es bietet neben einführenden Texten auch zahlreiche Methoden für den Einsatz in der schulischen und außerschulischen Bildungsarbeit.

ISBN 978-3-7344-0894-6, 244 S., € 24,90
E-Book ISBN 978-3-7344-0895-3 (PDF), € 19,99

Karim Fereidooni, Stefan E. Hößl (Hg.)

Rassismuskritische Bildungsarbeit

Reflexionen zu Theorie und Praxis

Rassismus ist weit mehr als ein bloßes Konglomerat von Vorurteilen und falschen Annahmen über bestimmte Menschen, die als Mitglieder imaginierter Kollektive wahrgenommen werden. Rassistisches Wissen ist auch keineswegs auf die extreme Rechte beschränkt, sondern ein Bestandteil des kollektiven Wissens in der bundesrepublikanischen Gesellschaft. Überdies ist Rassismus ein machtvolles Element im Kampf um Ressourcen und Zugänge zu gesellschaftlichen Positionen.

Dieses Buch ermöglicht Orientierungen in diesem komplexen Feld. Dabei kommen sowohl Wissenschaftler*innen als auch Praktiker*innen einer solchen Bildungsarbeit zu Wort.

ISBN 978-3-7344-1188-5, 192 S., € 22,90
E-Book ISBN 978-3-7344-1189-2 (PDF), € 21,99

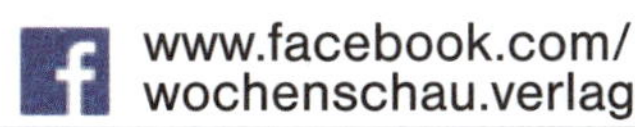

Britta Schellenberg

Training Antidiskriminierung

Den Menschen im Blick

Dieses Training macht fit für das Leben und Arbeiten im pluralen Deutschland. Die Übungen stärken sowohl sozial als auch emotional und kognitiv. Sie sensibilisieren, regen zur (Selbst-) Reflexion an und sind handlungsorientiert. Besondere Schwerpunkte liegen auf der Thematik rassistischer Diskriminierung sowie auf institutionellen Problemen und Bearbeitungsmöglichkeiten. Die Trainings können zielgruppenspezifisch zusammengestellt werden. Unter ihnen finden sich Einstiegs- und Grundlagenübungen, Follow-ups sowie Vertiefungs- und abschließende Übungen. Methodische, didaktische und fachliche Schlaglichter markieren Herausforderungen und stellen Hintergrundinformationen bereit.

2. Auflage

ISBN 978-3-7344-1530-2, 224 S., € 26,90

PDF: ISBN 978-3-7566-1530-8, € 25,99

Die Autorin

Dr. Britta Schellenberg hat das Framing-Konzept entwickelt. Sie lehrt am Geschwister-Scholl-Institut für Politikwissenschaften an der LMU München und arbeitet an der Schnittstelle zwischen Wissenschaft, Bildungspraxis und Politik. Sie ist Autorin und Herausgeberin verschiedener Fachbücher, zahlreicher wissenschaftlicher und publizistischer Artikel sowie diverser Bildungsmodule und von Schulungsmaterial zu den Themenfeldern: Vorurteile, Rassismus, Antisemitismus, Diskriminierung, Radikalisierung, Demokratie und Menschenrechte.

... ein Begriff für politische Bildung

Antisemitismus und Bildung

Marc Grimm, Stefan Müller (Hg.)

Bildung gegen Antisemitismus

Bildung schützt nicht automatisch vor antisemitischen Ressentiments. In diesem Band werden Ansätze aus der Praxis, aktuelle Kontroversen und der Forschungsbedarf für eine Auseinandersetzung mit Antisemitismen in pädagogischen Kontexten diskutiert.

ISBN 978-3-7344-1140-3, 272 S., € 32,00

Julia Bernstein, Marc Grimm, Stefan Müller (Hg.)

Schule als Spiegel der Gesellschaft

Erst wenn die Stimmen von Jüdinnen/Juden ernst genommen werden, können die Verletzungen, Diskriminierungen und sozialen Legitimationen von Antisemitismen und deren Auswirkungen auf jüdische Identitäten und die Gesellschaft verändert werden. Das Buch schlägt daher einen Paradigmenwechsel auf jüdische Perspektiven vor.

ISBN 978-3-7344-1354-4, 512 S., € 39,90

Jakob Baier, Marc Grimm (Hg.)

Antisemitismus in Jugendkulturen

Die Beiträge beleuchten die Rolle und Wirkungsmacht des Antisemitismus in der Jugendsozialisation und nehmen dabei verschiedene jugendkulturelle Kontexte in den Blick. Zudem werden Potenziale von Bildungsprogrammen gegen Antisemitismus diskutiert.

ISBN 978-3-7344-1142-7, 248 S., € 29,90

V. Kumar, W. Dreier, P. Gautschi, N. Riedweg, L. Sauer, R. Sigel (Hg.)

Antisemitismen

Sondierungen im Bildungsbereich

Welche Präventionsmöglichkeiten gibt es im Bildungsbereich zur Vorbeugung von Antisemitismus? Wie können künftige Lehrpersonen dafür qualifiziert werden? Was ist zu tun, wenn an einer Schule/Hochschule ein antisemitischer Vorfall geschieht? Expert*innen aus unterschiedlichsten Disziplinen beantworten solche und weitere wichtige Fragen.

ISBN 978-3-7344-1456-5, 272 S., € 36,00